八巻 修の国語授業

クラス全員が熱中する
国語授業のスキル&パーツ60

宇都宮大学教育学部附属小学校
八巻 修 著

明治図書

Preface はじめに

「楽しくて,あっという間だった!」「明日もやりたい!」教師であれば,子供たちからこのような反応が返ってくる国語の授業を,誰でも一度は行ってみたいと思ったことがあるのではないでしょうか。

「楽しく力が付く国語」。これが私の信条です。子供たちの資質や能力を高めるのは当然の使命です。そのことを肝に銘じた上で,国語の授業が,子供たちにとって熱中できるものであってほしいと願っています。それが,今日求められている「学びに向かう力」を高めることにつながると考えています。

国語の授業は1週間の中で最も多く行われます。しかしながら,子供たちには,あまり充実したものとは受け止められていないようです。ある年度の全国学力・学習状況調査における6年生へのアンケート結果を見ると「国語の勉強は好きですか?」という質問に対して「好き」と答えた全国の割合は,25.7%でした。それに対して,当時,国語専科である私が担当していた3クラス104名の6年生たちの割合は,「好き」77.9%。「どちらかといえば好き」という割合も入れると96.2%。全国と実に50%以上も違いがありました。この数値から,104名の子供たちが,毎日の国語に対して非常に高い割合で肯定的に受け止めてくれていることが分かりました。

また,私が国語専科と同時に研究主任として勤めてきた学校では,「どの子も熱中する授業をつくる」を研究主題に掲げ,全職員で3年間の授業研究に取り組んできました。おかげさまで,県内外から関心を持ってくださった方々が3年間で延べ3000名近く参観に訪れてくださいました。このことから,明日の授業を子供たちのために価値あるものにしたいという先生方の思いが伝わってきました。

本書は,こうした研究と日頃の国語実践を基に,一人でも多くの子供が国語の授業に熱中して臨み,必要な資質や能力を高めることができるために,教師の授業のスキル(教師の技術・技能)とパーツ(学習活動のアイデア)に関するヒントをまとめたものです。

スキルやパーツと聞くと,場当たり的なテクニックではないかと思う方が

いるかもしれません。しかし，本書で紹介するスキルとパーツは違います。課題解決の過程を重視した国語科の言語活動を遂行する上で支えとなるものです。どんなに言語活動が計画されても，それを生かす教師の技術や技能，第１次から終末までの学習活動のアイデアが乏しければ，結局のところ子供に退屈と我慢を強いる状況が生まれてしまいます。

　授業スキルについては，国語の枠を超えて他教科でも子供たちが参加し，熱中する状態を生み出すヒントになるものを選びました。学習活動のアイデアであるパーツは，言語活動の過程に組み入れることで，その時間の学習がより充実し，付けたい力の習得や活用に生かせるものだと考えています。

　さらには，子供たちが授業に熱中する状態を生み出すために，心理学者M.チクセントミハイ氏のフロー理論や法政大学国際文化学部教授の浅川希洋志氏にアドバイスいただいたことも紹介する実践の中にちりばめました。フロー理論の詳細については，お二人の著作などを参考にしていただければと思いますが，浅川氏から子供が熱中する状態を生み出す条件として次のようなアドバイスをいただきました。

【条件①】	はっきりとした目標があること。
【条件②】	活動の難しさのレベルとその活動に取り組むための能力のレベルがつりあっていること。
【条件③】	「自分がどれくらいできているか」すぐにフィードバックが得られること。

　ただし，浅川氏は次のようにも仰いました。「これは一般的な条件。授業については，先生方がプロなのだから，ぜひ考えてみてください。」と。

　試行錯誤と多くの失敗から私が学んだことが，これからの国語の授業をつくり出していく方々に，少しでもお役に立てば幸いです。

2019年３月

　　　　　　　　　　　　　　　　　　　　　　　　　　　　八巻　修

Contents 目次

Preface／はじめに ……………………………………………………………002

第❶章 ……………………………………………………………………009
クラス全員が熱中する
授業づくりの基礎・基本

1 「熱中」は「実態×背伸び×成果」で生み出す！　010
2 全員参加できる安心の言語活動を保障する　012
3 「やってみたい！」「何だろう？」で発火の一石を投じる　014
4 自分の意思で頑張っている感覚を持たせる　016
5 ユーモアに富んだ意見が対話的な学習を押し進める　018

第❷章 ……………………………………………………………………021
クラス全員が参加する
授業づくりスキル＆パーツ

教材研究・教材づくり

1 教材研究の基盤を整える　022
2 「指導事項―子供の興味・関心―言語活動」をつなげる　024
3 螺旋型の展開で学習が生きる単元を計画する　026
4 教材はねらいを絞ってシンプルにつくる　028
5 「授業マンダラ」で不備・不足・不十分を見つめる　030

対話的な活動
- 6　広げる？絞る？教師がイメージを明確にする　032
- 7　学習の段階を捉えて対話的な活動を設定する　034
- 8　「ペアローテーション」で一人一人の対話する力を高める　036

発問
- 9　一問一答ではなく，一問多答にする　038
- 10　「発問＋○○をする」で一人一人の立場を「見える化」する　040
- 11　３つの発問「どこで？」「なぜ？」「どれか？」で対話を生み出す　042

発表・指名
- 12　「発表したい！」「発信したい！」という子供のやる気を掘り起こす　044
- 13　参加率２倍！３倍！の指名の仕方　046

板書
- 14　黒板を「子供が学ぶために自ら使う道具」にする「参加型板書」　048
- 15　「解く」「創る」「比べる」「参考にする」参加型板書４つの機能　050
- 16　今すぐできる！「参加型板書」基本の３ステップ　052

ノート指導
- 17　ノートは考える基地！ノート検定でレベルアップ　054
- 18　「書くのは楽しい！」と思える授業を仕組む　056

教室環境づくり

19 飾りの掲示物は No !
共有・確認・参考のための掲示をする 058
20 授業における教師と子供の動線を整える 060

振り返り活動

21 感想から脱皮!
何について，どのように振り返るかを明確にする 062
22 振り返りを生かし，学びに対する自信を持たせる 064

ICT 活用

23 デジカメ，プリンタ，タブレットは
係活動でシステム化する 066

情報の扱い方

24 ポスター，新聞，実の場に生きる学習で熱中度 UP ! 068
25 子供が必然性を持って情報を整理する単元を仕組む 070
26 「囲む」「つなぐ」情報の整理の仕方を体験する 072

語彙指導

27 小単元をアレンジして言葉を考える楽しさを知る 074
28 俳句や詩を作る学習は，言葉を見つめるチャンス! 076
29 「気に入った言葉」を集めて物語づくりに生かす 078

第❸章 081
クラス全員が熱中する話すこと・聞くこと，書くこと，読むことの指導スキル&パーツ

話すこと・聞くこと

・低学年
- 30 「できる！」と言いつつ難しい時期に成功体験を繰り返す　082
- 31 「尋ねる・そそのかす・わざと間違う」で全員参加させる　084
- 32 クイズやゲームで話したり聞いたりすることを楽しむ　086

・中学年
- 33 目的を持ち，伝え合いたくなる言語活動で鍛える　088
- 34 ペア，グループ，全体！目的に応じた形態を選ぶ　090
- 35 聞くことをメモで見える化し，ほめて広める　092

・高学年
- 36 よい話し方や聞き方を共有してクラスの文化にする　094
- 37 生きた教材と本格プレゼンが自信につながる　096
- 38 自分たちで話し合いたいテーマを決めて討論会を開く　098

書くこと

・低学年
- 39 「先生ちがーう！」子供たち大興奮の平仮名・漢字指導　100
- 40 「視写プリント」で段階的に書く練習をする　102
- 41 スモールステップで書く機会を見通す　104

・中学年
　42　書くために重要な書く前のプロセス　106
　43　「題名」「書き出し」を共有することで工夫する　108
　44　読み合い，よさを述べ合う機会が肯定感を育む　110

・高学年
　45　子供イキイキ！読んでほしい相手を選んで書く　112
　46　短歌や俳句は「プチ吟行」と手直しを取り入れる　114
　47　随筆を書いて「紙上ブログ交流会」　116

読むこと

・低学年
　48　低学年の音読は変化をつけて繰り返す　118
　49　本好きがいっぱいになる毎時の読み聞かせクイズ　120
　50　場面に着目した音読劇＋動作化で想像する　122

・中学年
　51　子供の思いと教師の意図をつなぐ授業をつくる　124
　52　第2次の学習を精選し，第3次で応用できる力を付ける　126

・高学年
　53　朗読一つで登場人物の心情が異なることを考えさせる　128
　54　どの子も熱中！群読で読みを創り出す　130
　55　一つの教材から広げて読むことで深く考える　132

Afterword／おわりに　…………………………………………　134

第1章

クラス全員が熱中する授業づくりの基礎・基本

1 「熱中」は「実態×背伸び×成果」で生み出す！

① 教材を通して付けたい力を身に付けるための言語活動を考える

　このことは今日，多くの学校で意識されるようになりました。ところが，付けたい力と言語活動が一致していても，子供たちが意欲的に取り組んでいるとは言い難い授業も見受けられます。

　その主な原因は，「実態×背伸び×成果」の検討が不足していることにあります。研究授業などが回ってくると，教材と言語活動を何にするか，ということにとらわれがちです。そこで「付けたい力は何？」と先輩などから問いただされて考えるのですが，実態が捉えられていないままに付けたい力と言語活動ばかりを行き来する周囲の意見に振り回され，肝心の子供が置き去りで議論が進んでいることはないでしょうか。

② 子供の実態を中心に置いて考える

　実態とは，当然ながら子供の資質・能力に関することです。直近では，今度の授業で扱う教材及び指導事項に関する現在の在り様を把握することです。もちろん担任なら感覚的には分かっているでしょう。しかし，あえてアンケートや簡単なテストを行ってみることをお勧めします。そこから，思いも寄らなかったリアルな実態が見えてくることがあります。

　3年生で地図を見て想像したことを書く「お話を作ろう」（東京書籍，平成23年度版）の研究授業の時でした。実態を把握するために，2年生で既に学習した「絵を見てお話を作ろう」（東京書籍）の部分をそのまま使って再び一人一人にお話を書かせました。ある程度は書けるだろう，と思っていた私は驚きました。最も短い文だった子は，わずか4行しか書けず，それもやっとという感じでした。そこから計画を練り直し，より無理のない流れを考

えました。
　それにより，わずか4行だった子が，結果的には自分で想像した物語を原稿用紙に6枚も書くことができました。（詳細はp.106 書くこと No.42）
　また，子供たちの日常生活にある興味・関心を捉えることです。人気の遊び，話題になっていることを言語活動に盛り込むことで，「やってみたい！」「楽しそう！」といった興味・関心につながることもあります。6年生「ずい筆を書こう」（東京書籍）では，各自が書いた随筆をブログに見立て，互いに読んではツイート（感想を書き込む）できる「紙上ブログ交流会」を設定し，子供たちから大好評でした。（詳細はp.116 書くこと No.47）

③ 背伸びと成果を見据えて単元を計画する

　実態を捉えると，「どこまで，どのように迫っていくのか」が，より具体的に見えてきます。ここで大切なのが，「今より少し頑張れば届きそうなものになっているか」ということです。それが「背伸び」です。その姿を描くことができれば無理強いすることはありません。子供も，「やってみればできそうだ」という気持ちで臨むことができます。これが，熱中する条件の一つである「活動の難しさのレベルとその活動に取り組むための能力のレベルがつりあっている」ということです。
　そして，もう一つ重要なのが「成果」が実感できるということです。どんなに付けたい力と言語活動が一致していても，そのプロセスやゴールが子供たちにとって達成感や満足感の得にくいものでは，国語に対する肯定的な態度は育まれません。単位時間の中に小さな発見があったり，最後に友達に認められたりする機会が待っているなど成果が感じられるように計画しましょう。
　私は，これら「実態×背伸び×成果」の掛け算によって，子供たちの熱中の度合いが変わってくると考えています。

2 全員参加できる安心の言語活動を保障する

① 全員参加を願うからこそ手立てが生まれる

　国語に苦手意識を抱いている子供たちも含めて全員が参加できるようにする。こう言うと必ずといってよいほど「それが理想ですが…。」と言う人がいます。ですが，話を聞いていると，どうやらやる以前から諦めているように感じます。それでは，当然無理でしょう。

　勤務校では「どの子も熱中する授業をつくる」を研究主題に掲げて「安心して取り組むことができる学習活動と教具の工夫」に取り組んできました。教室には，特別な支援を要する子，意欲に乏しく滞りがちな子など，様々な子供がいます。そうした中，どの子も安心して思いや考えを表出し，熱中することができるようにするために，多様な価値観や能力に応じた学習活動と教具の工夫に努めてきました。

　クラスの，あの子もこの子も参加できるようにするためには，どうすればよいか。「方法は必ずある」そう信じて苦心する繰り返しの中から様々な手立てが生まれてくるのです。

②「選べる」「試せる」「参考にできる」活動を組み込む

　子供が言語活動を遂行できるように，多様な価値観や能力に応じて，「選べる」「試せる」「参考にできる」の3つの活動に着目して単元の要所に組み込んできました。これは，本校国語科の研究内容でもありました。

　「選べる」とは，「相手を選べる」「本を選べる」「ワークシートを選べる」「調べ方を選べる」といったことです。中でも「相手を選べる」は，子供たちにとっても教師にとっても有意義な「選べる」でした。

　5年生「不思議な世界へ出かけよう」（東京書籍）は，絵を手掛かりに不

思議な世界を想像して物語を書く学習。

　その際，物語を書いて読ませたい相手は，学校の１年生でも，友達の５年生でもよいはずです。１年生向けの物語づくりは，必然的に漢字が少なく，文章の量も比較的短いものになります。構成や展開も考えやすくなります。一方，高学年向けの物語は，漢字も内容も複雑になります。

　「対象とする読者を誰にするか」は本人次第。この「相手を選べる」は，必然性があり，どの子にとっても安心して選択し，取り組むことができました。（詳細は p.112 書くこと No.45）

　「試せる」とは，単元の中で，繰り返し取り組むことができる機会が設けられているということです。

　例えば，一度目は教師と一緒に読んでみる。二度目はクラスの友達と読んでみる。最後に自分一人で選んで読んでみる。といったように，繰り返し取り組むことができるような単元を構成することで，苦手意識を抱いていた子も少しずつ慣れていくことができます。

　また，このような見通しを子供自身が持っていれば，より安心して学習に参加することができるでしょう。（詳細は p.26 教材研究・教材づくり No.3）

　「参考にできる」とは，先輩の作品や友達の取組などを例示的に示したり，子供が困った時に見直したりできる掲示物を用意することです。ひと昔前よりは，こうした例示に関する行為が推奨されるようになりましたが，まだまだ少ないのが現状です。教師が自ら作った作品を見せたり，友達の取組のよさを活動の途中で共有したりすることは，多くの子供たちの道標になります。

　子供たちが国語の授業に熱中することができる土台には，まず一人一人にとって安心の言語活動を保障しようとする教師の配慮と工夫が必要ではないでしょうか。

3 「やってみたい！」「何だろう？」で発火の一石を投じる

① 見通しを持っただけでは，やる気にならない

　第1次の導入で学習の見通しを持つことは，言語活動を通じて課題を自ら解決していくために重要です。
　しかし，「到達点や道筋が示されれば子供たちは前向きに取り組む」と言い切れるほど簡単ではありません。
　参観したある授業。教科書の意見文を読んだことを生かして，単元後半で自分が選んだ資料をもとに意見文を書くというものでした。授業者は，導入で参考作品を見せ，簡単なやりとりの後に教科書を読み，これらを学習した上で最終的には一人一人が意見文を書くことを伝えました。
　ところが，クラス全員が一言の反応もなく教室はシーンとしたまま。各自が意見文を書くという到達点と教科書の学習を生かして行うという道筋が示されたにも関わらず反応は鈍いものでした。
　ここで決定的に不足していたこと。それは，子供たちにとって必然性や魅力に欠けていたことです。学習が大切なのは子供なりに理解していても，やる気に火がつかない限り前向きに取り組むことは難しいもの。そこに一石を投じて発火させるのは，導入における教師の大切な仕事です。

② わくわくする一石が，やる気に火をつける

　「すごい！」と声が上がり拍手がわき起こったのは，先輩6年生が卒業記念会で群読している映像でした。次々に立ち上がり大きな声で読み上げる迫力に圧倒された様子。私が，「君たちも群読をやってみようか。」と尋ねると「うん，うん。やりたい！」「あんな風にできたらいいけど自信がない。」と反応。群読に対して強く興味を持ったことが感じられた場面。これが5年生

で群読の授業に取り組んだ際の導入でした。その後，子供たちは休み時間も練習するほどの熱中ぶりを見せました。（詳細は p.130 読むこと No.54）

　導入の工夫は，子供たちの興味・関心を誘います。教師自作の面白い作品を読み聞かせして「自分も負けないくらい面白い作品を書いてみたい」と思わせたり，前年度に新聞掲載された先輩の作品を紹介して「自分も掲載されたい」と憧れを持たせたりしました。熱中して取り組む子供たちは，家に帰っても物語を書き続けたり，5本も6本も投書に取り組んだりしました。

　これらの導入で共通することは，どれも子供たちから「やってみたい！」という声が上がったことです。こうなって初めて自分の目的を持ち，どうすれば到達できるのか，その見通しを持って学習に取り組もうとするのです。

③ 小単元は「何だろう？」で一気に発火する

　漢字や文法などの小単元は，時数が短く平板になりがちではないでしょうか。私の授業では，盛り上がり家に帰ってまで考える子が度々現れます。

　導入から問いで考えさせることから始まります。6年生「日本の文字に関心を持とう」（東京書籍）では，教室に入るなり「安之太波波礼」と板書し，「何と読むでしょうか。」と問いかけました。子供たちは何とか読もうとします。しばらくして「安」は「あ」，「之」は「し」であることを伝えると，「あしたははれ！」と閃く子がいました。難しそうな万葉仮名が暗号のようで面白そうなものに見えてきます。次は，名前や今日の出来事を万葉仮名で書いてみるなどして，どの子も熱中しました。

　小単元の導入は，こうした「何だろう？」を子供から引き出す工夫をしやすい内容が多くあります。教師の知恵を生かして，導入をほんの少しひねるだけでも子供たちの様相は大きく変化します。

4 自分の意思で頑張っている感覚を持たせる

① 「教師がどうするか」という授業には限界がある

　授業の計画を立てる話合いでは,「初めに音読をさせて,ワークシートに書いたことを発表した後に教師が押さえれば…。」と,活動の順序や教師がすべきことについて意見交換がなされます。

　しかし,「教師がどうするか」には限界があります。「うまく伝えられたからマル。」「押さえが甘かったからバツ。」「先生が詳しく教えてくれたから良かった。」「先生がよく教えてくれなかったからつまらなかった。」

　そこに子供の存在は希薄です。教師の良し悪しばかりに注目が集まり,子供の学びの在り様や子供が自分の学びを見つめる姿は見当たりません。

　授業では度々「○○を押さえる」という言い方がされます。そういう時,私は「『押さえる』とは,何をするのですか？」「子供たちは,どういう状態ですか？」と尋ねることがあります。「押さえる」という言葉から「教師が伝えれば子供は納得するはず。」といった教師側の一方的な思いを感じます。

　子供たちとって教師は常に「何かを与えてくれる人」が当たり前になっているクラスでは,いつまでたっても子供は「教えてもらう人」というサービスを待っているような存在に留まってしまいます。

② 「教える」ではなく「引き出し高める」

　「引き出し高める」とは,私が最も大切にしていることです。子供たちは,短いながらもこれまでの経験や学習から自分の思いや考えを,すでに持っています。それらを引き出し高めていくというスタンスです。

　教育実習の季節。1年生の詩「木」（東京書籍）で「自分が木になるとしたらどんな木になりたいかを想像して音読する」という授業。実習生は,木

の写真や範読でイメージを膨らませました。そして，「どんな木になりたいか想像して読んでもらいます。」と数人に音読させました。音読の後には「上手！」「もっと上手に読める人はいますか。」と励ましたり促したりしました。

　しかし，読み方はスマートになっても，一向に「どんな木になりたいか」が伝わってくる個性的な読みにはならず平板なまま終わりました。

　その次の日は私の番です。「木」の音読発表会。前時の様子から，一度全体で音読した後に「今度は大きな木になって読んでみよう！」「次は小さな木だよ。」「悲しい木！」と3種類の木を想像しながら皆で音読しました。すると，声の大きさを変えたり，抑揚をつけたりして読み上げ始め，あっという間に大盛り上がり。「じゃあ，ほかにはどんな木があるかな？」と投げかけると，「ぼうっとしている木」「急いでいる木」「ロボットの木」など発表を重ねるごとにユニークで工夫を凝らした音読が披露されました。こうして発表会はバラエティに富んだ楽しい会となりました。（関連はp.118 読むこと No.48）

　このように，子供たちが互いに持っているものを出し合い，自分たちで推進し，高め合うことができる授業に憧れます。

③ 段階的な言語活動を構成する

　「主体的・対話的で深い学び」と唱えられる以前から，自分の行いを自分で選択・決定し，力を注ぐことで目的を達成することができそうだ，といったドライブ感は，子供たちを熱中させてきました。そうした感覚が得られるように，単元を計画する際には，導入でやる気に火がつき，第2次で熱中し，最終の第3次に向かうにつれて，自分で選んだり身に付けた力を生かしたりして，教師が前に出なくても自分で学習を推進することに遣り甲斐を感じる段階的な言語活動を構成することが必要です。

5 ユーモアに富んだ意見が対話的な学習を押し進める

① 対話には寄り道がつきもの

　子供の一見，関係なさそうな意見や笑いを誘うユーモアがある意見が，対話的な活動を活発にさせ，さらには思考を深めることにまでつながることが往々にしてある。そう感じていた私にとって，平田オリザ氏の著書にある「冗長率」という言葉は大変納得のいくものでした。(『わかりあえないことから』平田オリザ著，講談社現代新書)

　冗長率とは，一つの段落，一つの文章に，どれくらい意味伝達とは関係のない無駄な言葉が含まれているかを，数値で表したものだそうです。そして，対話は，最も冗長率が高くなると記されていました。

　本来，対話とはそうした無駄な言葉を含んだものであり，それが対話を成立させている要素の一つでもあるとしたら，国語の授業の対話的な活動においても，ある程度の無駄な言葉や寄り道的な話題が生じることを想定しておくことが必要ではないでしょうか。

　こんなことを言うと「そんな余裕はない」という声が上がるかもしれませんが，「冗長率の高い活動を行っている」という意識を教師が持つだけでも，子供のユーモアや突飛な意見に対する態度が変わってくるはずです。

　それは，子供に「こんな自分の意見も認めてくれる」といった安心感を芽生えさせ，対話的な活動にもプラスに働きます。

　一見，関係なさそうな意見が，後に人物の心情の背景とつながったり，ユーモアのある意見をきっかけに自分の考えを見つめ直したりできるのは，寄り道を認める対話的な活動だからこそできる技であり，そこで出たものがつながった時に深まっていくと考えます。

② ユーモアや本音が多様な意見を引き出す

　「色々な意見が出てきてしまったら，どうすればいいのですか？」と若い先生方から質問を受けることが度々あります。
　しかし，色々な意見が出てきてからが，国語らしい授業のスタートと自覚する必要があります。（詳細は p.32～p.37 対話的な活動 No.6～8）
　中でも，子供のユーモアや本音は，困った発言ではなく，むしろ互いの思考を深める効用があります。
　3年生「サーカスのライオン」（東京書籍）の授業でした。「なぜ，じんざは金色に輝いたのか？」という子供たちが抱いた不思議について話し合う場面。「自分がいることを知らせるため。」「頑張ったから。」といった意見が出ていたところに，A男が「ライオンは黄土色だから金色に見えた。」と言いました。途端，子供たちは笑い，そんなことはないだろう，という雰囲気になりました。しかし，A男は引きません。そのうちB子も「火事で黄土色が金色に見えた。」とA男に賛同する発言を始めました。こうなると，笑っていた子供たちも黙ってはいられません。二人を説得するために文章を読み直し始めました。そして，C男が「天使になったんだ。」と言いました。すると，その発言を軸に今までの意見がつながり始め，その説得力にA男とB子の考えも変化していきました。（詳細は p.124 読むこと No.51）
　A男の発言は，ファンタジーを読む際に歓迎される意見ではありません。
　しかし，本時では，この発言をきっかけに子供たちは自分の想像したことを二人に分かってもらうため，より深く考え，論理的に説明しようとすることにつながりました。
　子供のユーモアや本音は，「こうあるべき」という硬く狭い頭を柔らかくさせ，対話的な活動を明るくします。時に「幅広い意見を引き出す呼び水」になったり「対立軸を生み出し，考えを深める」ことになったりするのです。

第②章

クラス全員が参加する
授業づくりスキル&パーツ

教材研究・教材づくり
対話的な活動
発問
発表・指名
板書
ノート指導
教室環境づくり
振り返り活動
ICT 活用
情報の扱い方
語彙指導

教材研究・教材づくり

1 教材研究の基盤を整える

研究授業に向けて、何から手をつければいいの？

 気を付けることや用意するとよい物は何？

 はじめの一歩。研究授業を例に計画の立て方や準備物を見ていきます。まずはノートを用意。そして、学校の研究との関連を捉える。国語の授業日数の計算などして無理なく準備を進めましょう。

❶ ノートとファイルを用意すると動き出す

「始めたけれどまとまらない。」「どう積み上げていけばいいか分からない。」取組に自信が持てず不安に感じる。若い頃の私がそうでした。

そうした方にお勧めなのが１冊のノートを用意することです。たかがノートですが、回を重ねれば厚みも数も増し、自分だけの財産になります。後日必要になった際にも容易に検索できる点もお勧めです。

表紙に単元名を書き、要項や紀要、スケジュールなど必要な資料を貼っていきます。スケジュールは授業当日までを逆算して表にします。総日数、国語ができる日数、学校行事を入れることで、「いつまでに何をするか」見通しが立ちます。これを作るだけでも自分にスイッチが入り、腹が据ります。

次に、自分の考えをメモしたり学習指導要領や教材のコピーを貼ったりし

ます。すると，少しずつやりたい授業のイメージが掴めてきます。

しばらくするとイメージと指導事項のずれに気付いたり，自分の考えの変化を感じたりして修正が可能になります。

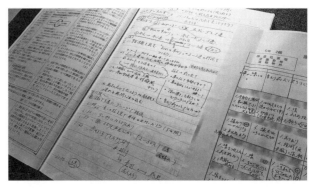

また，資料や先行実践を貼るなど情報を蓄積していきます。貼るのが手間な時は紙ファイルに綴じておき，時間がある時に選別します。忙しい毎日なので，それぞれの事情に合わせて日頃の教材研究に生かしていただければ幸いです。

❷ 研究を正確に捉えて共通理解する

研究授業の際には，学校の研究課題や紀要があることでしょう。ここで重要なのが，「研究主題や副題を噛み砕いて理解する」ことです。

例えば，「仲間とかかわり合い，学びを深める子供の育成」という主題があったとします。（八巻が想像したもので特定の学校のものではありませんよ。）この場合の「かかわり合う」とは，どういう状態を指しているのか。発達段階で異なるのではないか。「学びを深める」とは，どういうことか。

理屈っぽいようですが，こうしたことを同僚と共に子供の具体の姿で共有しておかないと，後々の授業や協議会で「私は，そうは捉えていなかった。」などと揉める危険性があります。

付けたい力や教材，言語活動に関する研究に入る前に，こうした準備物や研究主題の理解など，教材研究のインフラ（基盤）整備のようなことをしておくことで，教材研究そのものも進めやすくなります。

教材研究・教材づくり

2 「指導事項―子供の興味・関心―言語活動」をつなげる

言語活動を考える時に大切なことって何？

どうすれば子供が熱中して力が付くのかなあ。

子供が熱中して自分から取り組むためには，付けたい力（指導事項）を軸にした単元の目標と合わせて，子供の興味・関心が高まる言語活動の工夫をすることが必要です！

❶「どうすればやりたくなるか」を考える言語活動研究

「言語活動研究」というと，そこだけ切り取って「どうするか」と言っているようで誤解を招くかもしれません。もちろん指導事項に一致した言語活動を考えるということを踏まえてのことです。

従来の国語では，「教材」となる物語を素材として教師が読み込み，自分の解釈を持った上で「何を子供に教えるか（内容）」選び，それを「どう教えるか（技術）」に重点が置かれていたように思います。

内容面に偏れば，自分の解釈を子供に一方的に伝える講義のようになり，技術面に偏れば形式的で内容が薄いと言われがちでした。

これらのことを振り返り，必要な資質・能力を念頭に置き，教材を基に，どのような言語活動を通して身に付けさせるのか。学んだことを生かして表

現するところまで保障しようとしているのが，今日の授業改善の方向です。
　しかし，この今日的な言語活動でさえ，子供に「どうやらせるか」という教師側の都合が優先されている場合が少なくありません。
　私は，そこに「どうすれば子供たちがやりたくなる言語活動になるか」という視点を持って計画すべきだと考えています。それにより，子供たちが「やってみたい」と思える国語の学習に近づくはずです。

❷ 言語活動に子供の興味・関心が湧く「しかけ」を加える

　6年生「ずい筆を書こう」（東京書籍）では，随筆をブログに見立て，互いに読んではツイート（感想を書き込む）できる，題して「紙上ブログ交流会を開こう」を計画しました。（詳細は p.116 書くこと №47）
　「自分が経験したことと感想，意見とを区別して自分の考えが伝わるように随筆を書く」ことを目標としました。言語活動は「随筆を書く」ことです。書くのは苦手という子もいます。そこで，今話題のブログやツイートという，子供がやりたくなるような「しかけ」を加えました。
　授業の導入。去年の6年生の随筆には友達が書き込んだツイートが並んでいます。それを見た途端，「面白そう！」と声が上がりました（写真はツイート部分）。子供は「ブログで交流したい」が目的。教師は「資質・能力を身に付けさせる」ことがねらい。双方の思いがマッチした時，指導事項にぴったりな熱中する言語活動が成立したことになると考えます。

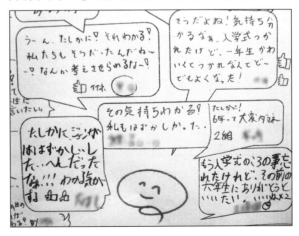

教材研究・教材づくり

3 螺旋型の展開で学習が生きる単元を計画する

子供に無理なく力が付くように計画してあげたい！

苦手な子も安心して取り組める単元づくりのポイントはありますか？

一度きりの学習では子供も教師も苦しいもの。第1〜3次の間で，教材や相手を代えながら繰り返し取り組むことができる計画なら苦手な子も無理なく力を付けることができます。

❶ 導入で1回→教科書で1回→自分の作品で1回

　2年生「絵を見てお話を作ろう」（東京書籍）は，3枚の絵を見て想像したお話を書く学習。教科書は，「始め・中・終わり」の「中」だけ文章がなくて空欄になっている3枚一組の「熊と兎がりんご狩りをしている絵」が一つ。その学習を生かして取り組む絵が，もう一つの合計二組でした。

　私は，子供が自分に合った想像しやすい絵を選んで取り組めるように，教師自作の絵を三組（9枚）用意し，合計5組の絵を使って臨みました。

　第1次の導入では，教科書の「熊と兎」の絵を教師の参考作品として使いました。子供たちに紹介した後，「みんなだったら，『中』は，どんなお話にしますか？」と問いかけると，「熊さんがりんごを全部取っちゃうお話」などと，それぞれに想像したことを語ってくれました。この時点で，子供たち

は簡単なお話作りの体験をして見通しを持ちました。

　第2次では，教師自作の「二人の男の子」の絵を基に，導入と同じように「中」だけを考えて作りました。ここでは，登場人物を自分で考えたり，どんな話にしたのかをワークシートにまとめたりして作り方を習得しました。

　第3次では，学習を生かして好きな絵を選んで書く活動でした。出来上がった子は，さらに4回目，5回目と別の絵で取り組みました。

　このように螺旋階段を登るように段階的に力を付けていくことができるよう計画すれば，苦手な子も少しずつできるようになっていきます。

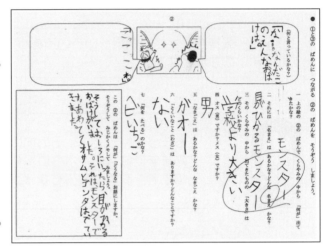

❷ 対象を変えて繰り返す中で，力を付けていく

　単元を通じて繰り返す，と言っても同じ反復ではありません。

　教材やテーマ，相手などが変わる中での繰り返しです。例えば，導入と第2次では扱う「教材」が変わる。話し合う「テーマ」が変わる。発表する「相手」が変わる。そうした中で，始めは要を得ず不安気だった子が，後半に向かうにつれて自分の思いや考えを進んで表現する姿を何度も見てきました。

　限られた時数ではありますが，単元を工夫する際，「螺旋型に展開する」という一つの視点を持って計画することは，より多くの子供が安心して取り組み力を付けるためには有効です。

教材研究・教材づくり

4 教材はねらいを絞ってシンプルにつくる

指導事項にある登場人物の気持ちの変化や性格，情景についてまとめるのだけれど，どんな教材を作ればいいかな？

うーん，気持ち，性格，情景…いろいろあってどうすればよいのか悩むなあ。

ちょっと待って！　その前に，指導事項の文言そのままではなく，さらに具体的に絞りましょう。その上で，教材は欲張らずシンプルに！

❶ 指導事項から，さらに絞って焦点化する

　計画が形になってくると，授業で子供たちが使う教材づくりも具体化する必要に迫られます。リーフレットやポスターなどは，その代表的なものでしょう。いざ考え始めると，あれもこれも盛り込もうと複雑なものなってしまうことがあります。

　その原因の一つは，指導事項の文言をそのまま受けて，さらなる焦点化をせずに教材を作ろうとしているからです。

　小学校学習指導要領国語編の中学年「C 読むこと：エ」では，「登場人物の気持ちの変化や性格，情景について，場面の移り変わりと結び付けて具体的に想像すること。」とあります。この中には，「気持ちの変化」「性格」「情景」の3つが含まれています。

しかし，3つ全てではなく，例えば「気持ちの変化」に絞って取り組むことも有り得るということは，意外に知られていません。もし，「気持ちの変化」を中心に読むのであれば，教材を作る際にも随分とすっきりしたものになるでしょう。

「指導事項に書かれていることは全部扱うんじゃないの？」という声が聞こえてきそうですが，一つの単元で「気持ちの変化」「性格」「情景」の3つ全てをまんべんなく扱うのは容易ではありません。実態や時数などを考慮して具体的に焦点化しましょう。

ここまで読んで，鋭い方はもう分かっていると思いますが，これは「教材づくり」だけの話ではなく，元をたどれば「付けたい力」である指導事項を一語一語吟味して，「本当に，それを授業で扱うのか？」といった，まさに付けたい力の焦点化を図ることに他ならないのです。

❷ 自分で作るから見えてくるものがある

課題解決の過程となる言語活動が重要という主張が聞こえ始めた頃。
5年生「大造じいさんとがん」（東京書籍）の授業を行いました。私は，椋鳩十の本の中から自分がお勧めしたい作品についてまとめる「椋鳩十作品おすすめブック」作りを計画しました。

念のため，事前に参考作品を作ってみました。すると，予定していた「あらすじ」を書く段階で手が止まりました。それは，ごく単純な問題でした。

「クライマックスの結果や物語の最後を書くのか」ということでした。もし書かないとすれば，どこまでをあらすじとして書くのか。ある程度適度書くとすれば，子供にどうやって気付かせ，どのように書かせるのか。

このように教師が事前に教材を作ってみることで，子供が困難や戸惑いを感じる点に気付くことができます。教師が見落としがちなことを知ることができます。

ぜひ，教師が事前に教材を作ってから臨むことをお勧めします。

教材研究・教材づくり

5 「授業マンダラ」で不備・不足・不十分を見つめる

今日の授業の問題点は，どこに原因があったんだろう？

私の中で抜けていたことがあったのかな？

「授業マンダラ」を用いれば，問題の原因を見つけ，次の授業に生かせることを視覚化して共有することができます。

❶ 授業の問題点と原因を探り，次に生かす「授業マンダラ」

　授業の結果には，今後につながるヒントが詰まっています。そのフィードバック（振り返り）の際，「問題の原因」と「次に生かせること」を明らかにするために発案したのが，次頁に載せた図「授業マンダラ」です。

　これは，私がテレビを見ていたら流れていた外国の軍隊の訓練に関するニュースをヒントに考えた思考ツールです。その軍隊では，命懸けの訓練を振り返る際，マンダラ状になった図をメンバーで囲み，一つ一つ確認し，「問題の原因がどこにあったのか」を具体的に捉え「次に生かせることは何か」を明らかにして共有していました。

　授業後の検討においても，思いつくままに話し合うだけでなく，目に見えるツールがあることで，不足していた点に気付いたり次に生かすことが共有

できたりするのではないでしょうか。
　また，校内研修で使用したり，場合によっては授業を計画する段階で漏れがないよう確認したりするために活用してもよいでしょう。

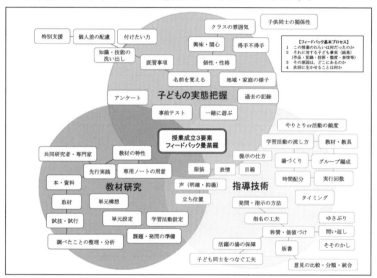

❷ 「実態把握」「教材研究」「指導技術」の３要素で捉える

　基本的な手順としては，「① ねらいは何だったのか　② それに対する子供の事実（作品・記録・技術・表情等）　③ その原因は，どこにあるのか　④ 次回に生かせることは何か」の順で考えていきます。
　「実態把握」は，名前を覚えることから始まり，既習事項，クラスの雰囲気の把握，個人差の配慮などが並んでいます。
　「教材研究」では，教材の特性，専門家への取材や先行実践の調査など。「指導技術」は，表情や目線など初歩的なことから，発問・指示，グループ編成や子供同士をつなぐ工夫などもあります。これらの項目は加除修正が可能なので必要に応じてアレンジすることも可能です。
　授業づくりや振り返りのチェックリストのように活用しましょう！

対話的な活動

6 広げる？絞る？
教師がイメージを明確にする

対話的って，話し合うってことかな？

最終的にどうすればよいのか，いつも悩むんだよなあ。

様々な考えや思いを持つ友達と学び合う活動。子供たちが最終的に，どのような姿であってほしいのかを具体的に描きましょう！

❶ 対話的な活動は幅広い。しかし…

「対話的な活動」と聞いて，国語では話合い活動をイメージする人は多いと思います。もちろん，それも一つの活動です。

しかし，その範囲は広範にわたります。子供が課題を解決する過程で友達と相談したり取材をしたりして情報を集める場面，集めた情報を基に考えを再構成する場面，そして，成果を表出する場面。一方通行に見える発表会やスピーチなども，これらのプロセスを経て表出された対話的な活動と捉えることができます。また，そこでの感想や質問などのやりとりも一端と言えるでしょう。

問題となるのは，そこで交わされる内容と質です。グループ形式で交流を図った場面を目にするのですが，自分が決めたテーマなどを発表するだけだ

ったり，それぞれが順番に意見を述べるだけで交わることなく終わってしまったりする様子が時々見られます。

　これは，はじめに「対話的な活動」ありきで計画が立てられ，本来必要な子供たちの目的意識が希薄なためだと考えます。私たち教師は，子供たちが「何のために他者と情報の交換をする必要があるのか」を子供の目線で捉え，計画に盛り込む必要があります。

❷ 広げるコーディネイト・絞るコーディネイト

　グループや全体で話合い活動を取り入れた際，最終的にどうしたらよいのか，といった相談を受けることがあります。

　このような時，私は，「拡散的な話合いにしたいのか，収束的な話合いにしたいのか」を尋ねます。それぞれの捉えやアイデアを出し合い，考えを広げたいのか，収束して一つに絞っていく話合いを描いているのか。それによって，教師のコーディネイトは変わってきます。

　「物語『海のいのち』から受け取ったメッセージは何か」を考える場面では，一人一人によって受け取ったメッセージが異なるのは当然でしょう。太一の生き方に共感を覚えたり，親子代々つながっている命の尊さに感動したりしたことを伝え合うことは，物語を多様な観点から捉え直したり，互いの違いや魅力を知ったりする機会になります。

　一方，物語を扱う中で収束的な話合いをする場合は，判断する根拠や理由が，ある程度，明確な場面や文章を取り上げて行うべきです（「ある程度」というのは，簡単すぎても成立しないからです）。出来事の前後や文末表現，会話文などから取捨選択をして絞っていくイメージです。

　教師は，複数の意見を分類・整理し，それぞれの立場を明確にすることが求められます。

　こうした収束的な話合いを体験した子供たちは，言葉に敏感になっていきます。

対話的な活動

7 学習の段階を捉えて対話的な活動を設定する

対話的な活動を取り入れるタイミングってあるの？

タイミングによってポイントが違うの？

領域や言語活動によっても変わってきますが，単元内における対話的な活動の主なポイントは，前半，中盤，終末によって異なってきます。

❶ 対話的な活動を取り入れるタイミングとポイント

　これまでも多くの教師が自覚の有無にかかわらず，何らかの対話的な活動を取り入れて授業を行ってきたはずです。
　ここでは，それらの活動を学習の段階に合わせて，今よりも意図的に取り入れていくことを提案します。
【前半における対話的な活動のポイント】
　単元の導入に当たる前半は，教師の参考作品や投げかけを基に，学習の見通しや自分の目標を持つ段階です。
　ここでは，子供たちが感じたことや思ったこと，やりたいことなどを臆することなく伝え合える雰囲気づくりが重要です。
　子供たちが感じたことややりたいことが数多く出されることで，それを契

機に興味関心の低かった子がやる気を出したり，自分が気付かなかった題材や活動アイデアを得たりすることができます。

【中盤における対話的な活動のポイント】

　中盤では，領域と指導事項に応じて様々な展開がなされます。その中で，意外に見落としがちなのが，途中で友達と相談したり質問やアドバイスをし合ったりする活動です。

　物語作りや俳句作り，リーフレットを作るといった活動では，推敲に当たる活動は比較的なされます。

　しかし，それ以前で迷っていたり友達の取組が気になったりしている段階で対話的な活動を設けることで，友達の作品が参考になったり思いがけない一言で悩みを解決するヒントを得たりすることが度々あります。

【終末における対話的な活動のポイント】

　国語の学びを実感できるためにも，肯定的な態度を育むためにも，終末は互いのよさや頑張りを認め合える活動にすべきだと考えます。

　時々，最後の交流や発表会で「アドバイスをする」といった形で，相手の作品や発表に対して否定的な意見を述べ合っている姿を見かけます。教師は，そうしたことからも学んでほしいと願っているのだと思いますが，残念ながら受け止める側の子が苦い顔をして終わってしまう姿も少なくありません。

　もし，こうした内容を盛り込んだ終末の対話的な活動を設定するのであれば，その後のフォローアップも考慮して臨むべきだと考えます。

❷ メモは対話的な活動の貴重な足跡

　一連の対話的な活動では，ややもすると話し合って終わってしまう空中戦のような場合が多いのではないでしょうか。自分が考えたことや聞いたことを後で見返すためにも，何らかの形でメモに残すような時間や活動を取り入れましょう。書くことでもモヤモヤしていた考えがはっきりしたり，時間の経過と共に考えが深まっている自分を自覚したりすることにもつながります。

対話的な活動

8 「ペアローテーション」で一人一人の対話する力を高める

相手を代えながら繰り返し話し合う「ペアローテーション」。短時間で次々と話し合うことを通して、自分の考えが明確になると共に、話し方・聞き方も向上します！

手順
① 一対一で話す（2分30秒）
② メモタイム（1分）
③ 片方が移動する
④ 別の相手と一対一で話す
　　～これを計3回繰り返す

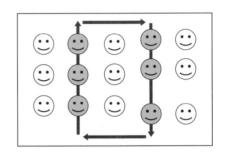

❶ 苦手な子も「たくさん話したり聞いたりできる！」と安心！

「ペアローテーションをやってみてどうでしたか？」

学習の振り返りとして子供たちに尋ねました。すると、一人の女の子が、「私は、ペアローテーションがいいです。なぜかというと、全体では発表しづらい時でもペアだと話しやすいし、友達の意見も色々聞けて、じっくり考えられたからです。」と応えました。その子は、どちらかというと大勢の前で話すことに抵抗を感じやすい子でした。また、全体の話合いでは、集中力が切れてしまう子が出てくる場合もあります。

短時間で相手を代えて繰り返し話す、この方法は、主に次のような効果が得られます。

- ☐ 全員が参加して互いの意見を伝え合う機会がある。
- ☐ 話をしたり聞いたりする力を高める練習になる。
- ☐ 自分の意見を繰り返し話すことで考えが明確になる。
- ☐ 複数の友達の意見を聞くことで考えが変化したり深まったりする。

　もしも，恥ずかしがる子が比較的多いクラスや特定の子ばかりが発言して不活発なクラスなどは，ペアローテーションから始め，慣れてきたら給食のグループ，そして全体へと段階的に進めていくとよいでしょう。

❷ 時間の制限とメモ。そこに，教師の価値付けを加える！

　もちろん，前提条件として，課題が友達と話し合うに値する必然性があることが大切です。それに加えて対話的な活動も工夫することで，どの子も熱中する授業に近づけることができるのです。

　私の経験からすると，1回のペアローテーションにおける話合いの時間は，せいぜい2分30秒程度です。始めのうちは1分も続かないペアもあります。そうした場合は，「2分30秒，たっぷり使っていたペアはいるかな？」と尋ね，まずは続いたことを賞賛。その上で，「時間いっぱい話すこと」「続けるためには，質問やツッコミをすること」を，実際に行っていたペアを具体的に紹介して価値付けます。すると，次から子供たちは真似をして時間いっぱい話そうと工夫を始めます。この繰り返しが力を付けていくのです。

　また，ペアで話し合った後は，1分間のメモタイムを取ります。そこでは，「友達の意見で参考になったこと」や「反論」「心に残った言葉」などをメモする時間を設けます。

　対話的な活動は，とかく音声言語で終わりがち。しかし，それでは後になって何も残らずに，やがて忘れてしまいます。ペアローテーション後に，今一度自分はどう考えるのか再考するために，1回の話合いごとにメモタイムを取ることをお勧めします。この方法で1時間の中で3回（3人）の友達と話し合うだけで随分と考えも変化します。

発問

9 一問一答ではなく，一問多答にする

子供に分かってほしいことを問う。それが発問でしょ。

なぜ一問多答にする必要があるの？

分かる子，できる子だけでなく，「クラス全員が参加する」発問づくりを心掛けると，授業が変わります。

❶ 一問多答の問いで，多様な考えを引き出す

　多様な価値観の中で生きていく子供たちにとって，様々な立場から考える学習の必要性が高まっています。子供たちに考えてほしい事柄について発問を工夫することで，より多くの子を巻き込み，多様な考えを引き出した上で考えを深めていく学習を設定しましょう。

　ある日，次のような相談を受けました。1年生「かいがら」（東京書籍）の学習。クマの子がウサギの子に，自分のお気に入りの貝殻をあげる場面。「もらったウサギは，どんな気持ちになったのか」を想像して続きの会話文を考える活動。

　授業者は，「自分が気に入っている貝殻を私にくれて嬉しい。感謝している」といった子供の発言を期待していました。しかし，中には「貝殻を私が

もらってしまい申し訳ない」という考えも出てきたら，どうすればよいか，というものでした。

　それこそがチャンスです。「どこから申し訳ないと考えたのか。」「ウサギは，本当に申し訳ないと思っているか，思っていないか。」「そうだとしたら，続けて何と言うのだろうか。」

　こうした検討をすると，「感謝」だけを考えていた子供にも「おや，待てよ」といった感覚が芽生えてきます。1年生なら尚更です。

　教科書を自分から読み返したり，友達の意見に進んで賛成・反対したりするのは，多様な考えを引き出し，子供たちに「どれだ？」と迫ることから生まれるのです。

❷ 多答をつなぐ教師のコーディネイト力とは？

　多様な考えが並んでからが国語教師の腕の見せ処です。子供と子供をつなぐということが，今日，ますます重要な仕事の一つとされています。それは，前述した対話的な学習にも大いに関連してきます。

　その際，まずは子供たちから出た意見を分類・整理することが必要です。「どの意見とどの意見は同じもの（似ているもの）と言えるか」「対立する意見はどれか」「意見は全部でいくつあるのか」こうしたことを板書などで分類・整理しなければ，子供たちには捉えきれません。

　次に，「自分は，どの意見に属するのか」を全員に問います。もちろん，「AとBの中間」と言う子もいるでしょう。

　そして，それぞれの意見と根拠や理由を発表し合い，明らかにしていきます。ここで教師は，単に意見を並べるように聞くだけでなく，対立する意見を取り上げて反対意見を誘ったり，賛同するならば付け足しの意見を求めたりして話合いが深まるよう，子供の考えを比較したり統合したりしていかなければなりません。

　子供の意見を生かすのは，教師のコーディネイト力にかかっているのです。

発問

10 「発問＋○○をする」で一人一人の立場を「見える化」する

発問しても子供たちが集中できず反応がイマイチ。

発問は悪くないのにどうして？

発問のみでは，できる子のつぶやきだけで進んでしまいます。発問とセットで，「何をするか」を伝えることで，全員を参加させましょう！

❶ 発問には，常に「○○をする」がセット

　言語活動が重視される中でも，要所における教師の発問は，いつの時代も重要です。その一言が思考を広げたり深めたりしていくきっかけになります。
　しかし，発問しても聞いているのかいないのか，脇見をしたり体をゆすってみたりと反応が鈍い様子を見ることがあります。
　この原因の一つには，「何をするのか」という活動の指示が不足していることが挙げられます。
　3年生の教科書「モチモチの木」（東京書籍）では，音読発表会をする計画になっています。子供たちは，発表会に向けて場面を選んだり読み方を工夫したりしていきます。そうした中でも，機会を捉えて教師が子供たちに発問することがあるでしょう。

例えば、「どうしてモチモチの木というのですか。」「p.〇〇の豆太の会話文は、どのように音読すればよいと思いますか。」「豆太の気持ちが変わったところは、どこですか。」と発問したとします。

こうした時、発言に積極的な子がパッと反射的に答えてしまうことがあります。逆に、どの子も何となく反応しているけれど掴みようのないダレた雰囲気に覆われていることもあります。

これらを次のように改善します。

「どうしてモチモチの木というのですか。ノートに理由を書きましょう。」

「p.〇〇の豆太の会話文は、どのように音読すればよいと思いますか。お隣同士で読んでごらん。」

「豆太の気持ちが変わったところは、どこですか。教科書に線を引きなさい。」

発問に対する活動を加えることで、子供たちは何をすればよいのかが分かります。何となく問われたのではなく、一つの行動を求められ動き出します。

また、子供たちの頭の中にあることが何らかの形で表現され、教師も見て取ることが可能になります。そこから、「あの子は、ユニークな表現で音読していたから後で紹介しよう。」「この子は場面を捉えきれていないな。」と、意図的指名につなげたり、その子に合った支援を工夫する必要性に気付いたりすることができます。

❷「何を」「どのように」「どこまで」を明確にする

「〇〇をする」という活動の指示を加える際には、この3つを明確にして伝える必要があります。「ペアで一緒に音読するのか、一人ずつするのか」「会話文だけ読むのか、全部読むのか」こうしたことが抜けている指示は、子供たちに混乱やトラブルを招きます。特にグループ活動や調べ学習に取り組む際には、活動が始まってからでは修正がしにくい場合があるので、教師はあらかじめ留意しておくことが大切です。

発問

11 3つの発問「どこで?」「なぜ?」「どれか?」で対話を生み出す

発問の工夫で対話を生み出すことってできるの?

どんな発問が,なぜいいのか知りたい。

1つの目的に向かい,それぞれの考えがあり,それらに違いがあることが必要です。ここでは,対話を生み出しやすい3つの発問について紹介します。

❶「目的・考え・ズレ」があることが対話を生み出す

ここで言う対話とは,正確には対話的な活動を指しています。その具体については,前述の「対話的な活動」で触れています。本頁では,対話を生み出す前提条件について述べます。

まずは,子供たちに「話し合ってみたい」という対話の意思があるということです。その上で,「目的・考え・ズレ」がポイントとなります。

「目的」とは,「何ために話し合うのか」ということが共有され,同じ目的を自覚していること。何となく話し合わせても建設的にはなりません。

「考え」とは,一人一人が自分の意見を事前に持っていること。それがノートやプリントなどに文字化されてあることが重要です。それにより,各自の立場が明確になり対話も促進されます。

「ズレ」とは，一人一人の意見に違いがあるということ。違いがあるからこそ対話する意味があります。

こうしたポイントは，授業の名人と言われていた有田和正も著書で触れており，ずっと大切にされてきたことです。

❷「どこで？」「なぜ？」「どれか？」

　一問多答になり，一人一人の違いを引き出しやすいのが，「どこで？」「なぜ？」「どれか？」の3つの発問です。文学教材では，未だに気持ちについて数多く問うことが例示されている参考資料を見かけます。

　そうした中にも，この3つの発問を取り入れることで改善が図られると思います。

　「どこで？」とは，「ごんが，つぐないを決めたのは，どこですか。」「クルルの気持ちが最も大きく変化したのはどこですか。」といったように，文章そのものに直接働きかける問いです。これは，子供たちに文章を繰り返し読むことを促します。また，視覚的にも分かりやすく，互いの立場も明確になるので対話が成立しやすいでしょう。

　「なぜ？」とは，登場人物の行動などに対する理由や背景を考えさせます。「なぜ，じんざは，金色にかがやいたのか。」と問うことで，これまでの行動や会話文などを踏まえて自分の解釈が求められます。ノートなどに一人一人が書くと，それぞれの違いが表れます。授業では，それらのズレを比較・統合しながら対話を進めていきます。

　「どれか？」とは，選択するということです。低学年でも選択肢があれば，どの子も参加することができるので，文学に限らず説明文などでも有効です。

　意見が出そろったら，「自分は，どの立場を取るか」を選択する機会を設けます。考えが定まらない子には，「今の時点でパーセントの高い方をとりあえず選んでみよう。」と助言します。

　これら3つの発問は，子供たちに考えることを促す発問です。

発表・指名

12 「発表したい！」「発信したい！」という子供のやる気を掘り起こす

> うちのクラスの子供たちは発表したがらないんだよなあ。

> 発表会をする時に，気を付けることって何かな？

> 子供にとって必然性のある発表・発信の場の設定を心掛けましょう！　苦手な子が多いクラスは，楽しく嬉しい発表会から鍛える発表会へと段階的に！

❶ 子供にとってわくわくがある発表・発信を計画する

「お家の人に劇を見てもらおう（1年）」「物語を書いて全校生に読んでもらおう」（5年）」「群読を秋祭りで紹介しよう（5年）」「修学旅行を5年生にプレゼンしよう（6年）」。どれも私が実際に取り組んだものです。

子供たちは，どの学年も大変意欲的に取り組んでくれたことが印象に残っています。これらに共通するのは，子供たちにとって「必然性」があるということです。

いつもいつもハイテンションで「やりたい！」とばかりはいきません。

しかし，子供たちなりに「やってみよう。」「なるほど，いいかも。」と感じられるゴールは用意してあげたいと考えています。

後述する「修学旅行を5年生にプレゼンしよう（6年）」は，まさに自分

たちが楽しんできた修学旅行のおすすめについてテーマを考え，構成を練り，実際に5年生にプレゼンをするという遣り甲斐とちょっとした使命感を抱いて子供たちが取り組んだものでした。(詳細はp.96話すこと・聞くことNo.37)

教科書では，地域のことを調べてクラスでプレゼンをすることになっていましたが，より子供たちが熱中して取り組むことができるように，私がアレンジしたものです。意外だったのが，それを見た5年生が「来年は私たちもやりたい！」と早々にやる気を膨らませていたことでした。

子供たちが，少しでもわくわくとするような魅力を含んだ発表・発信の場を工夫することは，主体的に学習に取り組むことができるための大きな後押しとなります。

❷「楽しい・嬉しい → 鍛える」発表会で段階的に高める

とかく発表会は，緊張感が漂いがちなものです。教師も，しっかりと発表できる子になってほしいという願いから指導に当たります。

しかし，苦手な子が多いクラスでは，鍛えることから始めてもなかなか上手くいかないのではないでしょうか。

私は，特に年度前半での発表の場では，ユーモアがあって明るく楽しい会を心掛けています。それは，「こうしてみんなで発表し合うって楽しいな。」と子供たちに思ってほしいからです。加えて，基本的には皆に認められる嬉しい場であることも気を付けています。

時々，「互いの発表についてアドバイスをする」といった活動を取り入れている授業がありますが，往々にして発表者への批判めいた意見に，発表者はしょんぼりしているように見受けられます。

そうしたことは，最後の発表会で行うのではなく，途中の練習で行うべきであり，ゴールは互いに努力やよさを認め合って終えるべきです。そのことが，発表や発信に肯定的な態度を育むのです。

その上に，徐々に鍛えるという視点を加味していくべきだと考えます。

発表・指名

13 参加率2倍！3倍！の指名の仕方

発表する子が，偏っちゃうんだよね。

なるべくいろんな子の意見を出させたいんだけど，どうすればいいんだろう？

まずは，発表に対する捉え方をちょっぴり変えてみてはいかがでしょうか。そして，様々な指名の仕方と意図を知り，より多くの子供が参加できるようにしましょう！

❶ できる子だけの発表からの脱却

「発表してくれる人？」この発言を耳にした時点で，私は少なからず違和感を抱きます。「誰も発表してくれなかったら，どうするのだろう。」と。案の定，挙手がない場合には，「じゃあ，Aさんお願いします。」と指名をされます。そのような場面を見るにつけ，「結局は指名するんだ。」と思うわけです。

私は，指名においても教師の責任として行うべきだと考えています。「発表してくれる人」という言い方で，一見子供の自主性を尊重したような存在として現れ，いなければ結局は指名するのではなく，授業の責任者として指名することを，もっと肯定的に捉えて行うべきだと考えています。

進んで挙手する子の多くは，優秀な子か積極的な子です。しかし，そうし

た子たちの発言だけで授業が進行していくことが果たして良いのでしょうか。それは，一部の子たちだけで推進され，多くの落ちこぼしを生み出しかねない授業ではないでしょうか。

　発表することを取り立てて良しとするのではなく，一人でも多くの子供が参加するような授業であるために，指名の仕方も工夫してみてはいかがでしょうか。

❷ 意図を持って指名を工夫する

　指名の仕方にもバリエーションがあり，それぞれに意図があります。それらを知って，より多くの子が参加し，熱中できる授業を共に目指しましょう。

① **意図的指名**…事前に一人一人の意見を教師が把握し，思考を深める場面などで，意図的に特定の子を指名して発表を促す。

② **列指名**…端的に答えられる発問への発表や単語で答えるような場合で一列全員の発表を求める指名の仕方。複数の意見を短時間で引き出したい時に有効。

③ **MWZ指名**…新卒者に有効。子供たちの座席に対してM型やZ型に視線を配り，まんべんなく見渡して，より多くの子を巻き込んで授業を進めるための指名の仕方。

④ **ランダム指名**…まさにランダムに指名する。その際，Aさんの発表に対して聞いていないような散漫な子を指名して緊張感を持たせ，教室の端から端へと指名を行き来することで全体の参加意識を保つ。

⑤ **グループ指名**…3人一組の場合，代表一人に発表させるのではなく，内容ごとに指名して発表を分担する方法。左前の子は，選んだ場面を言う。その隣は文章を読み上げる。3番目は選んだ理由を言うなど役割分担をして，当事者意識を持って参加するように指名を工夫する。

14 黒板を「子供が学ぶために自ら使う道具」にする「参加型板書」

子供がもっと自分の考えを表現する機会ってないかな？

対話的な活動をできるだけ取り入れたいのだけれど，何かアイデアはないかしら？

そんな先生方には，「参加型板書」がお勧め。子供たちが前に出て自分の思いや考えをやりとりする姿はたくましくすら感じますよ！

❶ 対話的な活動を促し思考を深める「参加型板書」

　板書に際しては，本時のめあてや1時間の流れ，要点などを子供に分かりやすく記すことが求められます。

　しかし，ここで提案するのは，子供たちに「対話的な活動を促し思考を深める」ために行う板書です。それは，教師が行う教授型の板書に対して，子供が自ら書く「参加型板書」です。これはTOSS代表の向山洋一氏が提唱している方法です。課題に対して，それぞれの子供が自分の思いや考えを板書し，それらを比較して共通点や相違点について話し合います。時には，黒板の前に出て友達の意見に書き加えたり，図解などをしてみんなに説明したりします。口頭のみの話合いとは異なり，黒板に多様な意見が並び，話合いを促進させ，思考が深まっていきます。

子供たちに板書をさせては収拾がつかなくなり，教師が進めたい授業の進行の妨げになるのではないか。そういったことを心配する声もあるでしょう。

しかし，そんなことはありません。なぜなら，参加型板書を取り入れることが有効な場面においてのみ実行するからです。

では，どんな場面か。一言でいえば「対話的な活動によって互いの思考を深めたり広げたりする場面」です。

例えば，説明文について，それぞれに考えた文章構成図を比較する場面，短歌を作る際の題材を互いに参考にする場面，作文の書き出しを板書

して，その効果について考える場面などです。

従来通りの板書では，教師が一人ずつ意見を聞き，限られた子供の意見を教師がまとめた言葉で板書しました。それに対して参加型板書は，短時間で複数の子供の意見が並びます。板書した子供が，自分の文字を介してクラスの友達に直接的に意見を述べます。すると，それに反応する子供が現れます。教師が介在する頻度は減り，子供同士の鮮度の高い意見交換がなされます。

その中には，ユニークな意見があり，そのことがさらに考えることを促します。詳しい実践は，私の拙著『参加型板書システム＆アイデア』（明治図書）をご覧いただければ幸いです。

15 「解く」「創る」「比べる」「参考にする」参加型板書4つの機能

「参加型板書」について,もう少し詳しく知りたいな。

 どんな働きがあるのか教えてほしい!

参加型板書は,大きく4つの機能があります。まず始めは,できそうな場面を選んで試してみるとよいでしょう。授業が変わりますよ!

❶ 4つの機能で授業に動きが生まれ,子供同士がつながる

4つの機能について,実践の概要を通して紹介します。

【解く】

一言でいえば,「互いに書いて解き合う」板書です。自分が調べたことわざや漢字を板書して友達に出題し,お互いに選んで解いてみるイメージです。クイズ的な要素を感じ,子供たちは「○○さんの問題をやろう」と親近感を覚えつつ取り組みます。

2年生「たんぽぽ」(東京書籍)では,たんぽぽのひみつを伝え合う学習の際,単に分かったことを説明するのではなく,「たんぽぽクイズ」として板書し,出題されたものの中から選んで解き合う活動を取り入れました。「たんぽぽの根は,何センチメートルですか。」「わた毛は,なぜ風にふきと

ばされるのでしょうか。」といった子供たちの板書が並びました。

【創る】

右は，それぞれが集めた熟語をつなぎ合わせて，クラス全員で「漢字お経」を創った時の写真。子供たちは，にこにこしながら熟語をどう組み合わせるかを楽しんでいました。

互いに調べたことや考えたことが集まり，詩など一つの作品を創るための参加型板書です。

【比べる】

互いの考えを比べる際，子供たちが自分の意見を板書します。

６年生「風切るつばさ」（東京書籍）で「クルルの気持ちが最も大きく変化したところはどこか」を検討した際，教科書から最も変化したと思われる一文を各自が選んで板書しました。全部で８文が板書され，そこから比較検討が始まりました。「『飛び上がった』と書いてあるから変わったはず。」「この時点では，まだクルルは自分が飛べることは自覚していないから『気がつくと』って書いてあるんだよ。」意見が黒板に短時間で並び，話合いも明確になりました。

【参考にする】

修学旅行のプレゼンを作る学習。そのタイトルを班ごとに紹介した時の板書。「絶対買うべき！お土産知恵袋」「必須！一度は見ておきたい絶景スポット」など互いのタイトルが刺激となり，さらに効果的なタイトルを工夫することにつながりました。

16 今すぐできる！「参加型板書」基本の3ステップ

面白そうな板書だけど，上手にできるかな？

どうすれば参加型板書がうまくいくの？

3つのステップさえ踏めば，誰でも簡単にできます！　繰り返していくと，子供たちもごく自然に取り組めるようになり，さらにスムーズになります！

❶ たったこれだけ！基本の3ステップ

参加型板書は，次の3つのステップを踏めば誰にでもできます。

ステップ①　課題を得る
ステップ②　各自で自分の考えをノートに書く
ステップ③　早く終わった子供（指名も可）が板書する

【ステップ①　課題を得る】
　ここでの課題は，「自分の考えを文で書くもの」やアイデアを出すような「答え（考え）が複数あるもの」「比べることで考えが深まるもの」が適当です。

【ステップ②　各自で自分の考えをノートに書く】
　ノートなどに書くことで各人の考えが確定します。教師も把握でき，意図的に指名して板書させることが可能になります。時間差が生まれることを生かして早い子供に板書を進めることもできます。

【ステップ③　早く終わった子供（指名も可）が板書する】
　早い子供か指名かは，どちらでもよいです。同じ子供ばかりが板書しないように時には配慮も必要です。横並びに書くなら八〜十名程度。短い言葉ならノートに書いた子から順に，クラス全員が板書することもあります。それにより授業の参加率も高まります。

❷ 自分の考えを自ら示し，深めていく

　5年生で教科書の詩の学習を生かして，自分のお気に入りの詩を探し，分析して紹介し合う学習。写真の板書は，「山のあなた」（カール・ブッセ／上田敏訳）で「『われ』に山は見えているか，見えていないか。」を検討した際に子供たちが板書したものに私も書き加えるなどしてできた板書です。

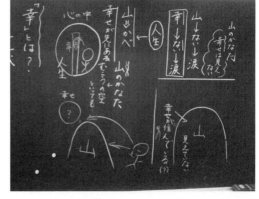

　板書右下は「山が見えていない」という子が書いたもの。左下は「山は見えている。しかし，幸いには出会えなかった」と主張した子の板書。そして，左上は「心の中で山は見えている。その山は人生の壁みたいなもの」と言った子が書いたものです。
　こうして子供が自分の考えを自らの文字や図で示し，それらを伝え合い，比較しながら繰り返し考えていく姿は，まさに主体的・対話的で深い学びに向かっていく姿と言えるでしょう。

ノート指導

17 ノートは考える基地！ノート検定でレベルアップ

普段はワークシートを使うことが多いので，あまりノートは意識していないけど，ノートのよさや書かせ方のポイントってあるの？

ノートのよさとワークシートのよさ。それぞれ目的や用途に応じて使い分けると授業にも役立ちます。ノートは日常指導と点検が重要です！

❶ ノートは思考。ワークシートは活動で使い分ける

驚くほどワークシートが使われている。というのが実感です。若い先生方の準備では，始めからワークシートを作るつもりの人が数多く見られます。

しかし，なぜワークシートなのか？は，あまり深く考えられていないように感じます。特に必要がないのであれば，日常はノートを使うべきです。私は，子供たちに「ノートは考える基地！」と伝えます。ノートの主なよさは，

① 最小の準備物で日常的に書くことができる。
② 自分の考えや思いについて制限を気にすることなく書くことができる。
③ 学習内容や経過，自分の考えの変化を捉えることができる。
④ 自分でレイアウトや色，メモなどを工夫することができる。

といった点にあります。

一方,ワークシートには,
① 決められた項目について効率よくまとめられる。
② 予め内容が決まっているので,漏れを防ぐとともに見通しが持てる。
③ 調べ学習などの際に,移動しながらでも気軽にメモができる。
といった利点があります。こうした特徴を生かして使い分けるべきです。

机に座り物語の学習の振り返りをじっくり書く時は,その子に応じて長さを気にせず書けるノートの方が適しています。

図書室で,気に入った植物についてメモする時には,多少雑でもどんどんメモできるワークシートの方がよいでしょう。

❷ ノートは日常指導とノート検定で鍛える

日付,ページ数,題目を書き赤鉛筆で囲む。これらが大切だと言われますが,習慣として書き続けるようになることこそが重要です。

授業が始まった時に,日付などが書いてあるという子が出てくれば浸透してきた証拠です。そのためには,4月から2カ月は毎時間,書いている子供たちをほめたり紹介したりし続ける教師の覚悟が必要です。

また,定期的にノートの書きぶりを点検することも必要です。私は「とてもよい=金色」「よい=銀色」「努力が必要=銅色」のシールを用意して,丁寧で要点が工夫してまとめられているノートをコピーして紹介します。

それにより,よい書き方を参考や刺激にして,ノートの取り方という学習技能の向上を目指しています。

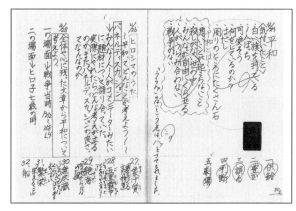

ノート指導

18 「書くのは楽しい！」と思える授業を仕組む

ノート指導だけをするわけじゃないから難しいわ

子供たちが楽しみながらノートにまとめていけるような学習はないかな？

板書を単に写すだけのノート指導ではなく，イラストや意見などをかく機会を取り入れた学習活動を工夫してみましょう！

❶ 意見やイラストを加える機会を設けて鍛える

　ノート指導というと，とかく板書を綺麗に写すといったことが重視されがちですが，自分の意見やメモ，ちょっとしたイラストを加えるなどして書くことを進んで工夫してほしいと願っている先生方もいると思います。
　例えば，高学年では，人物相関図をかく活動を通じて，登場人物の相互関係や心情について捉える学習があります。その際，教科書の文を写したり関係性を書いたりするだけでなく，自分や友達の意見，イメージしたことを図表で加えるなどの活動を設けます。少しでもメモできたり，図表などを加えたりしている子がいたら，認め，紹介すると他の子の参考にもなります。そして，各自が書き込んだ相関図を見合いながら意見交流をします。そこでも参考になった意見をメモしたり，友達の書き方でよい点を真似したりするよ

う促します。そうして繰り返すうちに，自分の考えを書き表すことで理解が深まることを感じたり，工夫しながら書くことが楽しくなったりする子が増えてきます。

❷ 書くことを楽しみながら深めていく

　６年生「風切るつばさ」（東京書籍）では，人物関係を捉えて下のようにまとめました。自分の意見は「〇自」と書き込み，友達の意見は「〇友」，意見の付け足しは「〇＋（プラス）」，反対意見は，「×」として記号を設けて書き込みました。そして，互いのノートを見合ったり教師が紹介したりして，意見や書き方について共有しました。書き込んでいくにつれて人物関係を鳥瞰して捉えることができます。また，自分の考えの変化も分かり，学習の足跡が明確になります。これらを生かして第３次では，自分の好きな本を選んで人物関係をまとめました。楽しみながら書く体験は，読みを深めるだけでなく，書くことそのものに対する肯定的な態度を育みます。

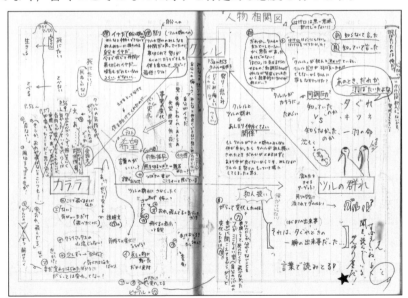

教室環境づくり

19 飾りの掲示物はNo！
共有・確認・参考のための掲示をする

国語では，どういった掲示があると役に立つのかな？

掲示をする際のヒントや注意点ってあるの？

子供たちの「活躍が共有される掲示」と学習の「参考・確認」のための掲示は，授業中に生きて働くアイテムになります！

❶ 活躍が共有され，クラスの文化になる掲示

　ここでは，国語の授業で役立つ掲示に絞って紹介します。第1に勧めるのが「子供の活躍が共有される掲示」です。
　3年生で物語を書く学習でした。自分が書いた作品を見直した際，A男が気付いたこととして「僕のは『そして，そして，そして』ってなっている。」と発言しました。周りの子は「ああ，あるね。」と共感。
　私は，「確かに『そして』って続いちゃうと読みにくいね。」と引き取り，短冊に次のように書いて貼りました。「『そして，そして，そして』こうげきにちゅうい！」子供たちは笑って受け止めました。
　次に，「『そして』ではなくて，どうすればよいのか？」と尋ねました。すると，B子が「『はじめに』とか『つぎに』とかにすればいい。」と発言。周

りも「そう,そう！」と賛同。

今度は，短冊に「B子さんほうしき：『はじめに』『つぎに』『それから』さくせん」と書いて掲示しました。

クラスで役に立ち，自分の発言が「B子さんほうしき」と命名されて掲示されたことに，B子自身も誇らし気な様子でした。

これが授業の度に積み重なっていくと，「C男さんの『たとえば』さくせん」「D子さんの句点チェック！」といった具合に活躍と共に掲示も増えていきます。授業中も「それってB子さんの作戦！」と友達の名前を介してやりとりがなされる場面も生まれます。

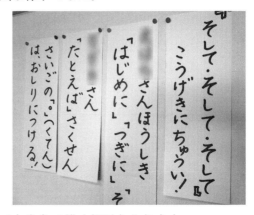

子供たちの活躍が並び，掲示された本人にとってもクラスにとっても生きて働く掲示となります。

❷ 確認・参考のための掲示は，授業を円滑にする

子供たちが復習のために見直す。うっかり課題や活動方法を忘れてしまった時のために見直す。こうした掲示は合理的な配慮の点からも有効です。その際，何となく貼ってあればよいのではなく，教師が見る時間を設けたり，復習として全員で読み上げたりする機会を設け，子供たちが「確認として役立つ」と感じるようにすることが必要です。

また，作品づくりなどに取り組み始めると，様々な戸惑いが生じてくるのが自然でしょう。その時も，教師や先輩の参考作品があることで安心して取り組めます。教師への細かな質問も参考作品が解消してくれます。

ただし，参考作品は，でき過ぎたものは子供たちの個性的な発想に蓋をしてしまったり自信を減退させたりする恐れもあるので注意が必要です。

教室環境づくり

20 授業における教師と子供の動線を整える

動線？　あまり考えたことがないな。

動線が子供の授業参加に，どんな影響があるのかしら？

授業は，「小さなことの積み重ね」で成り立っています。動線も，その一つ。意識すると子供たちの集中力が変わってきます！

❶ 目的から逸れずに活動できる動線を考える

「あの子たちは，寄れば触れば揉めてばかりいる。」そんな風に子供たちに原因を求めてしまうことがあります。

しかし，子供ばかりに問題があるのではないのかもしれません。ノートを提出する際，長い列をつくって待っていれば，ふざけ合いトラブルに発展することは多々あります。提出後に戻る際，前に進む子と席に戻る子がぶつかって喧嘩になることもあります。

これらは，教師が「列をつくらない」「提出の際には一方通行にする」など，ほんのちょっと動線を整えれば避けられることです。

調べ学習の時は，さらに意識が必要です。参考作品は，複数の子供が見える高さや大きさ，数に気を配ります。少ないことで奪い合いになって揉める

ことは，どこの学校でもあるでしょう。

　子供たちが選ぶ本の置き場所とスペースの確保も大切です。立ち読みできる高さになっているか。面倒だからと箱に入った本をしゃがんで取らせるようにしておくと，別の友達の目に本がぶつかり怪我をする恐れがあります。こうなっては国語どころではありません。

　図書室やパソコン室に分かれて調べる際には，黒板に名前マグネットを貼らせて「どこにいるのか」を明示したり，「〇時〇分まで」と時間の区切りを表記したりして動向が把握できるようにしておくと，本人も意識して動くことができます。

❷ 教師の立ち位置で子供は変わる

　「八巻先生なら，どこに立ちますか？」とある授業の研究協議の際，大学教授から尋ねられました。

　そこでの話題は，子供に対する教師の立ち位置によって子供たちの参加の度合いが異なってくるというものでした。発表する子と教師が，ごく近いと二人だけの世界になってしまい注意が散漫になりがち。適度に距離をとって発表する子とやりとりをすれば，その間にいる子供たちの注意も引きつけられる。そういった話でした。まさに，同感です。

　私は，教室の子供たちを巻き込むために発表する子から対角線に離れて，あえて距離を取って話を聞いたり，注意が散漫な子の隣に何気なく寄って行って範読をしたりすることが，しばしばあります。音読の際には，教室の後ろに回り，同じページを開いているかどうかを確認します。

　グループの話合いでは，極力自然なやりとりを聞きたいので，近寄って直接目を向けるのではなく，あえて隣のグループを見ているような振りをして，耳だけ対象とするグループに傾けていることもあります。

　教師の立っている位置や視線によって，子供たちは無意識に反応しています。そのことを，私たちが自覚する必要があります。

振り返り活動

21 感想から脱皮！何について，どのように振り返るかを明確にする

振り返りが大切って言うけど，今一つピンとこないのよね。

感想を書かせてはいるけれど，あまり役に立っていないなあ。

振り返りでは「書くこと」が重要です。その際，単元や本時の目標と照らし合わせて，具体的に書くことができる支援が必要です。

❶ その感想。何のために書いているの？

「今日の授業は，とっても楽しかったです。また，やってみたいです。」こうした感想を目にすると，教師としてホッとするものです。

しかし，これは何のために書かせた感想なのでしょうか。

國學院大學教授の田村学氏は，振り返りには「学習内容の確認」「関係付けや一般化」「自己変容の自覚」の大きく3つの意味があると述べています。（『深い学び』田村学著，東洋館出版社）

また，振り返りの際に書かせることの重要性にも触れており，その考えに私も賛成です。書くことによって，自分の学習を丁寧に見つめ直し，自覚化することができます。その時々の思考や感情が形として残り，変容が確認できます。

ところが，子供たちに「感想を書きましょう。」と投げかけると，上のように「楽しかった。」「分かった。」といった一言で終わってしまう子が少なくありません。これでは振り返りの3つの意味には成り得ません。
　単元や本時の目標に応じた具体的な振り返りができるように，子供から何を引き出したいのかを考えて設定しましょう。

❷ 3つの意味を引き出す振り返りの問い方

　本時では，「学習内容の確認」「関係付けや一般化」「自己変容の自覚」の何をねらって振り返りをさせたいのか。その点を明確にする必要があります。そして，具体的には次のように問うたりワークシートに示したりします。
【学習内容の確認（例）】
　・今日の熟語の学習で分かったことや思ったこと，気付いたことについて書きましょう。
【関係付けや一般化（例）】
　・「注文の多い料理店」で学習したことを，自分が不思議な物語を書く上で，どのように生かしましたか。具体的に書きましょう。
　・今日の「校長先生へのお願い」を題材にしたロールプレイから，目上の人に話す際には，どんなことを大切にしようと思いますか。
【自己変容の自覚（例）】
　・「ごんぎつね」の学習の始めと終わりでは，あなたはどう変わりましたか。詳しく書きましょう。
　・「資料を生かして呼びかけよう」の学習で，あなたが頑張ったことや悩んだことは何ですか。具体的に書きましょう。
　これらの問いかけを組み合わせたり，もっと細分化したりして子供たちに投げかけます。書き方については，少しでも多くの子が書けるように，まとまった文章で書くか，箇条書きのようにして書くかは，どちらでもよいことにすると書きやすいでしょう。

振り返り活動

22 振り返りを生かし，学びに対する自信を持たせる

振り返りを書かせた後って，何かしている？

丸付けやコメントを書いて終わり。何かに生かせるのかな？

振り返りを紹介したり価値付けしたりする機会を設けることで，振り返り方の参考になると同時に，紹介された子の自信も高まります！

❶ コピーや掲示，紹介は参考と自信になる

「最終的に学びは一人一人にかえる」といったことを耳にしたことがあります。そのことが学習の振り返りにも表れます。

下は，6年生で俳句作りに取り組んだ際の女の子の最後の振り返りです。

> 言葉を変えたり，ひらがな，カタカナを使ったりすると作りたい俳句の雰囲気が変わることに驚いた。同じ意味の言葉や季語でも沢山の言葉があり，友達の句を見ると自分の思いつかない言葉があって面白かった。擬人法などの技術を生かして，もっと作ってみたい。

俳句作りを通じて，技術的なことに加えて言葉に対する認識が広がった様

子が伺える感想です。こうした振り返りをクラスで共有することは，学習のまとめになるだけでなく，「どのように振り返ると具体的になるのか」「どんな態度で臨めば良いのか」といったことを考える機会になります。

　紹介する際には，国語のコーナーを設置して定期的にノートのコピーを掲示する方法や配布物として全員に配るなどが考えられます。教師が振り返りを読み上げて，「どういった点が何故良いのか」を価値付けすることも効果的です。多くの子供にとって次の学習に臨む際の参考になると同時に，紹介された子が自信を持つことができる機会となります。

❷ 自分の国語の学びを定期的に見つめる

　もう少し大きな枠組で捉えたものとして，1年間の国語に対する振り返りの一例を紹介します。4月に自分が国語の授業に期待していることや目標を書き，年間に数回振り返って自分の学びを見つめ直すアンケートです。

　国語に対してどんな向き合い方をしているのか，何が得意で，何に苦手意識を抱いているのか，教師は実態を捉えるために行い，子供は自分を見つめる機会になります。

　4月に取ったものをコピーして夏休み前などに再度配布して，変わった点については朱書きで変更するようにします。できることが増えていたり，目標が修正されていたりする子が複数います。

　こうしたことを重ねることで，子供自身が現状を把握し，その後の国語の学習に対して少しずつ自覚して臨むことができるマネジメント力を養っていくことも必要だと考えます。

23 デジカメ，プリンタ，タブレットは係活動でシステム化する

新聞やポスターで写真を撮るのは良いのだけれど，印刷が大変で…。

タブレット操作の仕方などをスムーズに教える方法はないかしら。

得意な子を中心に係を設け，教師に相談が集中しない対応のシステム（決まった流れ）をつくっておけば，子供たちで自主的に進められます！

❶ 調べ学習を促進する「システム」という発想を持つ

　和と洋について調べ発表する，インタビューをして新聞づくりをする，そういった発信型の学習では，写真を撮ったり資料をコピーしたりといったことが不可欠です。こうした際，デジカメやタブレット，プリンタの対応に追われ本来の国語的な活動がおろそかになってしまうことがあります。

　それらを解消するのがシステムの確立です。例えば，プリンタの操作についてならば，まずは係の子を選出します。電源の入れ方から始まり，用紙の設定，枚数や大きさの指定について係の子に伝授します。興味がある子たちが係になれば，進んで覚えます。手順を書いておくことも有効です。

　印刷をする際には，まずは係の子が中心になって友達にレクチャーをします。インクの交換の仕方やインクの残数などをチェックする用紙も置いてお

き,「インクの残りが1つになったら教師に報告する」といったことまでしておけば在庫切れもなく安心です。主なシステムは次のようになります。

> ① 印刷をする時には,まず係の子に相談する。
> ② 係の子が手順などを教えて実行する。
> ③ 慣れてきたら係を通さずに自分たちで印刷をする。
> ④ 不明なトラブルが起こった時にだけ教師に相談する。

係の子の学習が進まないのではないか,と心配になるかもしれませんが,係の子は複数いるため相談は分散します。慣れれば他の子たちも自分たちでできるようになり,それほど時間もかかりません。教師に次々と求めてくる前に係の子が関所のように機能してくれることで,教師は,より全体に目を向けることができます。こうしたシステムは,あらゆる機器で有効です。

❷ 制限を設けることで情報の取捨選択を促す

システムが安定してくると,子供たちは進んで写真を印刷したりコピーを取ったりするようになります。休み時間などにも図書室に行って調べるなど,好ましい姿が見られます。

しかし,今度は別の問題も起こってきます。書くことなどに比べて負担が少ないため,あれもこれも写真やコピーを取り,無駄にしてしまうという問題です。

限られた時間と資源の中で,教師の方であらかじめ子供たちの学習が成立する程度の制限を設け,学習の条件として子供たちに提示すると良いです。

例えば,和と洋に関して調べて発表する際には,画用紙なら2枚以上4枚以内にまとめる,としたり,新聞づくりに使える写真は一班につき3枚までといった具合に条件を出したりします。

こうすることで,子供たちは「何をまとめに入れるか」「どんな写真が必要か」を構成に合わせて選別しながら取り組みます。

情報の扱い方

24 | ポスター，新聞，実の場に生きる学習で熱中度UP！

> 説明文の学習って，どうも子供たちが好きじゃないのよね。

> 子供たちが熱中できるような説明文の学習ってないかしら？

> 発信型の言語活動を設定してみましょう！　それによって，子供たちは自分事として捉え，熱中して取り組む姿が見られます！

❶ 「思考力，判断力，表現力等」と関連付けた言語活動を！

　説明文と聞くと，毎回，文章の構成と筆者の主張を捉えるばかりのワンパターンな指導で終わってしまうことはないでしょうか。

　2020年度完全実施の学習指導要領では，新たに「情報の扱い方に関する事項」が位置付けられました。これと「話すこと・聞くこと」や「書くこと」との関連を図ることで，説明的な文章の扱い方も随分と変わってきます。

　加えて，単元のゴールが周りの人々に訴えかけたり，日常生活に生かすことができたりするものであれば，子供たちは目的意識を持って取り組み，資質や能力を高めることができる授業になります。

　例えば，3年生。二つの説明文を読み比べる学習。そこで，教材文や参考作品を読むことを生かして，二つの物を比べて，同じ所と違う所を整理して

書く学習を計画しました。
　似ているけれど異なる二つの物を各自で選ばせ，「まちがっちゃいけない！　この二つ」として，家族や友達などに注意を促す「説明ポスター」を作ることをゴールとしました。
　子供たちは，この活動に熱中しました。身の回りの物を観察して「シャンプーとリンス」「麦茶とウイスキー」「薬とラムネ」などなど，思わず笑ってしまうような物まで比べていました。
　比べることにより，関連性や共通点，相違点などを考える力が求められます。そこで考えたことが相手に伝わるように説明するために，「同じところは〜。」「ちがうところは〜。」など目的に応じた表現ついて考えたり，色や形など比べる観点を検討したりしました。
　何より自分が作った説明とイラストがかかれたポスターが，家や教室に貼られることを楽しみに取り組んでいました。

❷ 実の場に生きる工夫をする

　説明文に限らず，集めた情報を基に自分が考えたり思ったりしたことを発信する場があることは，子供たちにとって遣り甲斐となり，国語の学びを実感できる貴重なチャンスです。
　できれば，クラスの中だけではなく，時には学年や学校全体，家庭や地域の施設などにまで広げ，実の場に生きて働く力であることを実感させたいものです。例えば，次のような工夫はいかがでしょうか？

- ○　標識に関する説明書を作り，昇降口に置いて全校生に読んでもらう。
- ○　アナウンサー役となって，けがについて調べたことをテレビ放映する。
- ○　昔の遊びについてまとめたことを秋祭りに模擬店で紹介する。
- ○　新聞の投書を参考にして，自分で伝えたいことを書いて投書する。
- ○　環境に関する説明文を読んで座談会を開く。

情報の扱い方

25 子供が必然性を持って情報を整理する単元を仕組む

> 新しい学習指導要領に「情報の整理」って書かれているけれど，どんな授業をすればよいのだろう？

> 具体的な実践があれば知りたいなあ。

> ここでは6年生が新聞を扱った授業を紹介します。重要なのは，子供たちにとって必然性がある問題解決の過程を設けることです！

❶ 6年「伝えたいことを新聞に投書しよう」

　これは，No.24で紹介した実の場に生きる工夫の一つ「新聞の投書を参考にして，自分で伝えたいことを書いて投書する」授業の紹介です。

　教科書「新聞の投書を読み比べよう」（東京書籍）は4つの投書を読み比べることを中心に扱っています。それを，投書という実の場に結び付け「読むこと」と「書くこと」を関連付けました。加えて，その中で「情報の整理」の仕方を体感できるようにしました。単元の主な流れは次の通りです。

【第1次（2時間）】
・昨年度の6年生が新聞に掲載された投書や教科書を読み，学習の見通しを持つ。（1）
・自分が伝えたいことを考えてメモする。（1）

【第2次(5時間)】
・教科書の投書1と投書2を比較し,それぞれの文章を分解したり内容ごとにまとめたりして,自分はどちらが説得力のある文章だと感じるか話し合う。(2)
・自分が投書に書いて伝えたいことについて調べたり構想メモを作ったりする。(1)
・教科書の投書3と投書4を比較し,それぞれの文章を分解したり内容ごとにまとめたりして,自分はどちらが説得力のある文章だと感じるか話し合う。(2)

【第3次(3時間)】
・前時までの学習を基に,自分が投書で伝えたいことに関する説得力のある理由や根拠を考え,ワークシートにまとめる。(1)
・これまでの学習を生かして自分が伝えたいことを投書に書く。(2)

❷ 自分が投書を書くために情報を整理する

　上の単元における投書1〜4を比較して話し合う授業。それは,自分が投書を書く際に「どうすれば説得力のある文章が書けるのか」を考えるために必要な時間です。

　グループごとに教科書にある投書を読み,「どんなことが,どのような構成で書かれているのか」「根拠となる事例には,何が取り上げられているのか」といったことを話し合うことを通して,自分が投書を書く際に生かしていく。こうした必然性のある学習活動の上に,情報を整理する具体的な行為がなされるべきだと考えます。

情報の扱い方

26 「囲む」「つなぐ」情報の整理の仕方を体験する

> 学習指導要領解説には，情報の整理について「四角で囲む」とか「線でつなぐ」ってあるけど…。

> どうすれば，そんな風な活動になるのかしら…。

> №25の続きです。子供たちが文章を四角で囲んだり矢印を書き込んだりする際には，「問い」と「見える化」がポイントです！

❶「どちらが説得力のある文章か？」段階的に読み比べる

　№25で触れた新聞を扱った授業を基に，情報の整理について具体的に見ていきましょう。子供たちは，自分が投書を書くという最終的な目的があるため，大変熱中して話合いを重ねました。

　学習の見通しを持った後の単元3時間目。教科書には投書1〜4の4つの投書が掲載されていました。まずは，投書1と投書2を読み比べる時間を設けました。始めに教師が例示として示した投書1の分析を基に，クラス全体で投書1の第1〜6段落まででは，どんなことが書かれているのか概要を捉えました。それを基に投書2では，各自で段落ごとにどんなことが書かれているのかを線で囲んだり書き込んだりしました。その後，クラス全体で確認。大半の子が投書1と同じように内容ごとのまとまりを線で囲むなどしていま

した。教科書の投書1と2を読み比べ、「どちらが説得力のある文章か」と問うと、「投書1は自分が行った経験が書かれている点が説得力につながっている。」「投書2は、テレビなどで多くの人が見ているので伝わりやすい。」とそれぞれの良い点や、「自分の経験は自分だけであり、必ずしも読み手に伝わるとは言えない。」といった問題点などがあげられました。

続いて、グループ4名で投書3と4を読み比べる時間を2時間設けました。投書1と2、3と4の二段階に分けて読み比べることで無理なく情報の整理をすることができるように配慮しました。段階的に話合いを重ねてきたので、どのように話し合えばよいのかを理解して熱を帯びた話合いが見られました。

❷ 効果的！新聞拡大ボードで思考を見える化

グループで相談しながら拡大ボード（80cm×1m）に文章を線で囲んだり矢印を書き込んだりして情報を捉えていきました。それにより、文章の構成や内容の関係性、重要な言葉などが捉えやすくなりました。また、書き込むことにより、互いの考えが可視化され交流が促進されました。

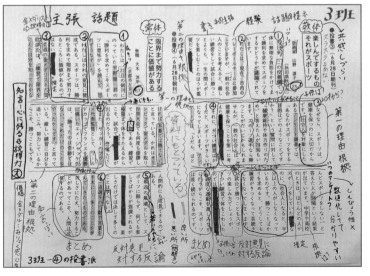

◀「新聞の投書を読み比べよう」（東京書籍6年）66〜67頁

語彙指導

27 小単元をアレンジして言葉を考える楽しさを知る

語彙指導って,具体的にはどうすればいいのかしら？

辞書を引かせることくらいしか思いつかないなあ…。

語彙に関する授業は工夫次第で子供たちも大好きになります。ここでは,小単元をアレンジして熱中する授業を生み出すヒントをご紹介します！

❶ 語彙指導の改善・充実が求められている今

　新しい学習指導要領解説では,「語彙は,全ての教科等における資質・能力の育成や学習の基盤となる言語能力を支える重要な要素である。」として,語彙指導の改善・充実が明記されています。しかし,単に言葉を集めて暗記するトレーニングのようなことを求められているわけではありません。授業では,子供たちが関心を持って取り組み,質と量の両面から迫りたいものです。
　そのきっかけとして言葉に関する小単元から始めてはいかがでしょうか。
　教科書の題材を基にアレンジして楽しく学習することを契機に,言葉に関心を持ったり親しむことができたりするようなヒントを紹介します。
　各学年に応じて工夫すれば,これまで何となく扱ってきた言葉に関する小単元が改善され,子供たちも進んで取り組むことができます。

❷ 集めて，比べて，言葉探しを楽しむ体験！

　3年生「ようすをくわしく表そう」（東京書籍）は，対象に対して「どんな」「どのように」といった様子を表す言葉を学習する小単元です。こうした題材は多かれ少なかれ，どの学年にもあるでしょう。教科書には，例文「白いねこが歩いています。」があります。「白い」は，「どんな」猫なのかを表しています。

　そこで，「白い」の代わりに別の言葉を入れさせます。「では，このほかに，どんな言葉があるでしょうか？」すかさず元気な子が「黒い！」「明るい！」といったことをつぶやきます。「そう。そのような言葉を考えて，できるだけ沢山ノートに書きなさい。」

　「大きい」「あやしい」「美しい」「かっこいい」…子供たちが考えたものを参加型板書で書かせて読んでいきます。「大きいねこが歩いています。」「あやしいねこが歩いています。」次第に教室は笑いに包まれます。

　「今度は，猫ではなくて，『八巻先生』で考えてみましょう。」「『（どんな）八巻先生が歩いています。』カッコに入る言葉を考えてノートに書きなさい。」子供たちは楽しみながら様々な言葉を思い浮かべます。辞書を使うことを促すと調べる子も出てきます。「たくましい八巻先生が歩いています。」「ずうずうしい八巻先生が歩いています。」こうなると爆笑です。

　さらには，「（どんな）八巻先生が（どのように）歩いています。」と様子を詳しくする文を考えるようにステップアップしていくと，子供たちは楽しみながら様子を表す言葉について文中で使いながら考えることができます。

　熟語を扱った単元なら，複数の熟語をつなげてメッセージを書いたり自己紹介をしたりする活動にアレンジする。接続詞を扱った単元ながら，接続詞を複数使ってユニークな文章を書いてみる活動も子供たちには人気です。

　あまり気張らずに楽しい単元づくりを工夫してみましょう。
　（原実践は向山洋一氏「形容詞『〜しい』の授業です。ご参照ください。）

語彙指導

28 俳句や詩を作る学習は，言葉を見つめるチャンス！

子供が，じっくりと言葉を見つめるような授業がしたいわ。

言葉の魅力みたいなものを感じてほしいけど，どうすればいいんだろう…。

俳句や詩を作る学習の際，語彙指導を意識して単元を構成するとよいですよ。言葉に着目するような導入を工夫してみましょう！

❶ あれども見えずの言葉。興味・関心を引き出す！

「うちのクラスの子は語彙が乏しいんです。」と嘆くのは簡単ですが，その前に語彙に関する指導を工夫したり，子供たちが関心を寄せるような機会を設けたりしているでしょうか？ そういう私も，甚だ心許ないものです。

子供たちにとって，目の前にあれども捉えにくい言葉。そうした言葉の存在に気付かせ，自分から調べてみる，集めてみるといった行為を引き出すように働きかけるのが私たち教師の仕事です。

一つのきっかけから身の回りの言葉に興味・関心を持った子供たちは，教師が言わなくても進んで言葉を見つめ始めます。以前よりちょっぴり言葉に敏感になります。そうした子供たちが誕生するかどうかは，結局のところ教師の言葉に対する意識の在り様にかかっているように思います。

❷ 季語一つ取り上げただけでも，子供の意識は変化する！

　「粉雪は天から下るプレゼント」これは，6年生の教科書（東京書籍，p.177）に載っている俳句です。導入で，子供たちに示し，「これは『雪』を題材に書かれた句です。」と紹介しました。そして，「では，『雪』と聞いて思いつく雪がつく言葉をできるだけノートに書きなさい。」と指示しました。

　子供たちは，思い思いに書いていきました。「ぼたん雪，初雪，雪見大福…」そこで「ぼたん雪」を取り上げて問いました。「ぼたん雪とは，洋服のボタンのような雪のことですか？　牡丹の花のような雪のことですか？」これは，圧倒的に別れました。洋服のボタンが多いのです。

　続いてスライドで，「綿のような雪＝綿雪」「水のような雪＝水雪」と示し，「では，風に吹かれて飛んでくる雪は何と言いますか？」と問うと「風雪！」と口々に言う子供たち。「正解は風花（かざはな）です。」そう伝えると，「ええっ！　何で!?」「そうなんだ！」と驚く子供たち。この辺りから興味津々な様子が伝わってきます。さらに「雪のことを六花（りっか・むつのはな）と言うこともあります。何故でしょう？」と問いました。すると，子供らしい鋭い感覚。「雪の結晶が六角形だから！」と勢い答える子がいました。

　こうした導入で言葉に興味・関心を持ち始めました。そこで，これらの季語を使って試しに俳句を作ってみようと促し，それぞれに作ってみました。それらの一部が次の句です。

　・待ち遠し　六花（りっか）降るまで　積もるまで
　・風花の　便りの向こうは　雪の陣
　・庭園の　つぼみに積もる　なごり雪

　あれども見えずの言葉を掘り起こすように子供たちに示し，そこから興味・関心を引き出していく。すると，子供は私たち教師が思っている以上に前向きに取り組みます。語彙が乏しいと嘆く前に，教師が意識して導入だけでも工夫してみることをお勧めします。（関連は p.114 書くこと №46）

語彙指導

29 「気に入った言葉」を集めて物語づくりに生かす

子供たちが集めた言葉を，もっと活用できるような学習ってないかなあ…。

「読むこと」と関連付けて，自分が知った言葉を使える活動などもあるといいね。

子供が物語を書く際などに，本の中から使ってみたい言葉をストックできるようにしておき，それらを生かして書いてみるように促してみましょう！

❶ 並行読書で言葉の貯金をする

　私が５年生を担任した頃でした。自分が想像した物語を書く学習の際，話の構想を考えることと並行して複数の物語を読む機会を設けました。中には，自分が好きな物語を家から持ってきて読んでいる子もいました。

　そうした本から「自分が気に入った言葉」や「物語を書く時に使ってみたい表現」などを累積できるワークシートを用意してメモすることを勧めました。

　すると，子供たちは会話文や語句など自分の好きな本から気に入った言葉を数多く選び出してメモしていました。中には漫画から選んでいる子もいましたが，そこは大目に見て進めました。

　その時，私は「子供は教師が考えているよりも，ずっと素直に，積極的に

言葉を集める」と感じました。そして，子供にとって，あれども見えずの言葉を見えるようにするきっかけ作りをすることの大切さについて考えさせられました。下は，子供たちがメモをした際の形式です。

No.	本の題名	使ってみたい言葉
1	注文の多い料理店	決してごえんりょはありません
2	ぼくのこえがきこえますか	いかりがみえる

❷ 物語を書く際に言葉の貯金を活用する

　そうして子供たちが集めた言葉を，一人一人が物語を書く際に活用するように促しました。
　しかし，それらが，どれほど活用されるか自信はありませんでした。そんな中，ある男の子が書いた物語を読んで驚きました。主人公の会話文が実に粋な表現で書かれていました。男の子に尋ねてみると，まさに彼が言葉の貯金から引き出した，使ってみたい言葉だったのです。「なるほど，こうして獲得した言葉を自分の中に取り込んでいくのだ。」そう実感した瞬間でした。
　そのほかにも，情景描写の一部を活用している子や擬音語，擬態語を活用している子などがいました。
　こうして自分が好きな本から言葉を得て，自分が何かを書き表す際に生かすことは，考えてみればごく自然なことなのかもしれません。
　また，本から言葉を得るだけでなく，詩を書く際などに自分の耳で聴いた音を聴いたとおりに書き留めるように助言すると，誰もが同じだと思っていた工事現場の「ガガガガッ」といった音を「ギャザザ，ギャザザ」と捉えたり，チャイムの「キーンコーンカーンコーン」が「キュインカラン，クインコーン」と本人ならではの独特な音として表現されたりします。
　このように，子供が書くなどの表現をする際にこそ，言葉の貯金を増やすべく事前の取材を充実させたいものです。

第3章

クラス全員が熱中する
話すこと・聞くこと,
書くこと,読むことの
指導スキル&パーツ

話すこと・聞くこと 〈低学年〉

30 「できる！」と言いつつ難しい時期に成功体験を繰り返す

1年生は初めて。話したり聞いたりする学習って，どうすればいいの？

やる気は満々だけど，一体どれくらいできるのかなあ。

やりたい気持ちはあるけれど，個人差が大きく，上手く表現できない子もいます。朝の会なども活用しながら成功体験を重ねていきましょう！

❶ スモールステップの単元構成と日常で話す機会を設ける

　1年生が小学校で初めて「話すこと・聞くこと」に関する学習をした時のことでした。学校で見つけたものを発表する活動の際，声が大きく元気のよい男の子が自信満々で「発表したい！」と手を挙げたので指名しました。

　日頃の様子から，さぞ堂々と伝えるのだろうと思いきや，前に出るなり急にもじもじしてしまい話し方もたどたどしくなってしまいました。その姿を見て「こんなに威勢のよかった子でも人前に立つと難しいのだから，恥ずかしがる子なら尚更だ。」と自分の捉えを改めました。

　そこから，単元を構成する際には，
　①　段階的にステップアップできるように構成する。
　②　相手を変えて話したり聞いたりする機会が複数回ある。

③　単元後半で発表会を計画した場合には，お試しの機会を設ける。
といったことを意識するようになりました。
　事柄を選ぶことや話す順序を考えることを計画的に行っても，単元の中で実際に話したり聞いたりする機会が乏しいのでは，子供にとっても教師にとっても難しいものです。
　また，話したり聞いたりすることは国語の時間に限らず身に付けていくべき力です。朝や帰りの会，係活動などの機会を生かして子供たちが進んで取り組めるような工夫をしたいものです。
　・健康観察の折に好きな食べ物や色などを添えて言う。
　・給食で「いただきます」を言う前に，今日の献立について伝える。
　・帰りの会で，お笑い係などの発表の時間を設ける。
　中には，朝の会で一人ずつ1分間スピーチなどを行っているクラスもあるかと思いますが，「1分間スピーチがあるから学校へ行きたくない」といった子供の負担が大きくならないように気を付けましょう。

❷ ペアで話したり聞いたりする活動を工夫する

　低学年では，ペア・小グループ・全体と人数を広げていく過程において，ペアで話したり聞いたりすることを丁寧に指導していく必要があります。つい慣例的に給食の4人グループなどにしてしまいがちですが，入門期では，まずは一対一でしっかりと話したり聞いたりできることが，小グループなどへ広げる際にも生きてきます。
　相手の目を見て話をする。最後まで聞く。一対一でも意外にできていないものです。ペアといっても席を並べている隣同士，一つ川向こうの隣同士，前と後ろといった具合に相手を変えてペアで繰り返し取り組むことができます。話したり聞いたりする態度や内容がよいペアを紹介したり，実際に全体の前で二人に再現してもらったりして，具体的な姿をイメージして活動に取り組めるようにすることも効果的です。（関連はp.36 対照的な活動 No.8）

話すこと・聞くこと 〈低学年〉

31 「尋ねる・そそのかす・わざと間違う」で全員参加させる

もっと子供たちが前のめりになって話したり聞いたりしてくれないかなあ。

私の伝え方やコーディネイトがいまいちなのかな？

子供の目的意識に加えて，子供の思いや考えを引き出し，互いをつなげるための演出を意識することで子供たちは一層熱中します！

❶ 話せないのか？話さないのか？

「このクラスの子供たちは，自分からは，あまり話さないんですよ。」果たしてそれは，話せないのか？ それとも話さないのか？

もし，前者の能力的に難しく「話せない」のであれば，話すための技術的な面を重視して指導する必要があります。それに対して後者は「(話したいと思わないから) 話さない」ということであり，子供たちが話したいと思うための手立てが必要です。

その一つが，単元における子供自身の目的意識です。「自分が発見したことを伝えたい」といったものです。

もう一つは，話合い活動などにおける教師のコーディネイトによって生み出される「僕も，私も考えを伝えたい」といった思いを引き出すことです。

❷ 3つの演出で子供の声を引き出す！

【① 尋ねる】

「えっそれって，どういうこと？」「ちょっと待って！　すごいね。教えて！」驚きと共に尋ねると，教師が関心を持って聞こうとする態度に応えるように子供たちは熱心に語り出します。「尋ねる」には「驚く」がセットだと私は思っています。

教師が「あなたの話を聞きたい」という態度を示すと，自然に周りの子供たちも耳を傾けます。尋ねられた子は，自分に関心を寄せてくれていることを感じて話してくれます。考えや言葉を引き出すために，教師は，あえて分かっていることでも，もう一歩突っ込んで尋ねてみるべきです。

【② そそのかす】

「みんなには難しいかなあ。これは。」「もう降参でしょ。先生の勝ち！」もちろんやりすぎは禁物ですが，時には，このような演出で子供たちのハートに火を点けることも有効です。発表や説明，音読などをする場面。子供たちは，「できる！できる！」「分かるもん！」と俄然チャレンジしようとします。一丸となって教師に向かってきます。すると，子供たち同士で協力し合ったり互いに意見を述べ合ったりします。

【③ わざと間違う】

「先生違う！」「間違っているよ！あのね…。」教師が間違えると，子供たちは必死になって教えようとします。前のめりになって説明をしたり，時には前に出て来て板書をしながら教えてくれたりします。教師が問いを投げかけたわけでも，説明してくださいといったわけでもないのですが，子供たちは互いの言葉を補いながら，実に熱心に伝えようとします。こうした場面は，まさに一人一人が「僕も，私も伝えたい」といった様子です。

低学年の話合いのコーディネイトでは，教師は温かく，ユーモアを持って接したいものです。

話すこと・聞くこと 〈低学年〉

32 | クイズやゲームで話したり聞いたりすることを楽しむ

いつも発表会をして終わるっていうワンパターンなんだよなあ。

教科書会社の指導書以外の方法ってやっていいの？

付けたい資質・能力に一致した言語活動ならば問題はありません。低学年がわくわくするクイズやゲーム的な要素を取り入れると効果的ですよ！

❶ 指導書は，あくまで一例。実態に照らして工夫をする！

「指導書に書いてあったので，やりました。」「指導書以外にもやってよいのですか？」どちらも実際に現場で聞いたことがある言葉です。そういう私も，新卒の頃は指導書通りに進めることが当然だと思っていました。

しかし，本書の前半でも述べたように，実態を基に指導事項を明らかにして言語活動を工夫することで，目の前の子供たちに寄り添った単元になるはずです。教科書会社の指導書は，そのための一参考資料です。

❷ クイズやゲーム的な要素の効用とは？

話したり聞いたりすることに対して力を付けると共に肯定的な態度を育む

ためには，そこで行われる言語活動が，子供たちにとって楽しく熱中できるものである必要があります。

　例えば，新しい学習指導要領解説国語編では，低学年の「話すこと・聞くこと」に次のように記されています。

> オ　互いの話に関心をもち，相手の発言を受けて話をつなぐこと。

　そこでは，相手の話を聞いて，質問したり感想を言ったりすることが考えられるわけですが，小グループで一人一人機械的に発表するだけでは難しいでしょう。そうした時，単なる発表会ではなくクイズ交流会といった言語活動を設けてみてはどうでしょうか。話し手は，自分が見たことや経験したことを答えが分からない程度に順序立てて話すことが必要です。聞き手は，答えを当てようと関心を持って聞くでしょう。何の話か分かれば声を出して反応し，情報が不足していれば質問するはずです。自分のクイズを友達に話したいという思いと，友達のクイズにこたえたいという思いから繰り返し話したり聞いたりします。

　また，発表会などの際，「聞き手の子たちをどうするか」ということを考える必要があります。始めのうちは聞いているのですが，しばらくするとよそ見をしたり別のことに興味を持ってしまったりする子が現れます。「きちんと聞きなさい」と注意するばかりではイタチごっこになりかねません。そうした場面では，

> 観点を持って能動的に聞く活動を取り入れる。

ことは有効な手立ての一つです。友達の名前をノートに書き，「声の大きさ」「速さ」「姿勢」といった観点について「花丸」「二重丸」「丸」と書き込んでいくだけで，子供たちの聞く姿は随分と変化します。時には点数化してみることで互いの話し方について意識することも可能になります。

話すこと・聞くこと 〈中学年〉

33 目的を持ち，伝え合いたくなる言語活動で鍛える

「いつ」「どこ」「何」などをしっかりと話せる子供たちにしたいわ。

子供たちがノッてくるような言語活動はないかな…。

ここでは，相手を案内する活動を通して「いつ」「どこ」「何」などを意識しながら，話したり聞いたりすることを楽しんだ実践を紹介します！

❶ スーパーやデパートの地図を使ってご案内！

　4年生に「案内係になろう」（東京書籍）という単元がありました。相手が知りたいことを考えて必要な事柄を選んで話す学習です。教科書には水族館の地図などが掲載されています。

　そこで，これらを応用して近所のスーパーやデパートを調べ，子供たちが使えそうな館内地図を用意しました。日頃，家族で足を運んでいる場所の地図に「あっこれって〇〇デパートだよ！　だって，ここの本屋によく行くもん。」と興味を示しました。

　「この中から自分が紹介したい場所を一か所選んでください。内緒ですよ。」そう指示してデパートの地図から内緒で一か所だけ選ばせました。次に，その場所を隣の友達に案内するように伝えました。スタートはデパート

入口に統一。もちろん始めは目的地については内緒です。地図のスタート地点から必要な事柄や場所を案内する際の言葉を適切に選んで伝えなければなりません。地図とにらめっこしながら「次にハンバーガー屋さんの手前を右に曲がって…。」「ねえ，手前ってどういう意味？」「本屋さんを背にして東に向かうと…。」「東？　この地図って，どっちが北？」と四苦八苦。

見慣れたデパートに関するやりとりですが，いざ案内するとなる曖昧に捉えていることや場所を案内する時の言葉を知らないことに気付かされたようでした。ほんの地図一枚を教室に持ち込んだだけで，子供たちの反応は変化します。リアルな日常とつながるものが用意されたからでしょう。

❷ 僕・私のお気に入りの場所へご案内！

デパートの地図では飽き足らず，次は学校内のお気に入りの場所について案内する活動を取り入れました。こちらもお気に入りの場所は内緒。案内役は友達の背後からついて行き，要所で案内をして自分のお気に入りの場所へ，友達を無事に連れていくことができれば解決となります。

事前の準備ではそれぞれに何をどんな順序で案内として伝えるかをメモしました。実際に校舎内を歩きながらメモしたことで「どこまで歩くのか」「何を目印として伝えればよいのか」といったことと共に，適切な言葉の選び方についても考えている姿が見られました。中でも「向かって右側」や「○○に面して左」「○○に沿って…」という言い回しは新鮮なようでした。

これらの実践は，どちらも子供たちにとって特定の場所について案内をすることが目的です。そのゴールとなる目的地は実際にある場所であり，初めは内緒であることが謎解きのようで子供たちをわくわくさせます。校舎内を案内することは活動的なので尚更楽しいようでした。

このように子供自身が目的意識を持って繰り返し話したり聞いたりする機会を設けることで，初めはたどたどしかった案内が少しずつ滑らかになり，相手にも分かりやすいものに変化していくのだと考えます。

話すこと・聞くこと 〈中学年〉

34 ペア，グループ，全体！目的に応じた形態を選ぶ

形態？　自分ではあまり意識したことはないですけど…。

目的や意図によって人数なども変更した方がいいのかな？

ご自分のクラスでグループ編成のアイデアはどれくらいありますか？　目的に応じた様々な方法で子供たちの対話的な活動を充実させたいものです。

❶ それぞれの特徴を踏まえて柔軟な編成を！

　今日，教室での活動は以前にも増してバラエティに富んだものになってきています。グループ編成も，かつては給食の班か全体といったものが多かったように感じますが，今は，パネルディスカッション形式やカフェスタイルといったものも積極的に取り入れられています。こうした人たちは，形態にも敏感な方々でしょう。

　あまり目立ちはしませんが，学習活動における形態に配慮することで，おのずと一人一人の参加率にも影響してきます。

　例えば，ペアでの対話は，互いに意見をしっかりと伝えたり時間をかけて聞いたりすることができ，入門期の話す・聞く学習の導入として適しています。一方，高学年で一つのことをじっくりと考える際にもよいでしょう。

グループの際には，3人で「話す人」「聞く人」「2人のやりとりを評価する人」になってローテーションで行うことも有効です。また，そうでなくても3人という小さなコミュニティが，2人ペアとは違った話合いをもたらしてくれます。
　ところが，5人以上になってくると，机が一つはみ出すこともあり，時に参加率が下ってしまい，お客さんのような状態になってしまうこともあるので，机は4人分にして椅子を寄せ合うなど配慮が必要です。
　全体で話し合うなどの際には，教師のコーディネイトが極めて重要になってきます。各自の意見を整理し，共通点や相違点を明らかにして互いをつないでいくことが求められます。必要に応じて全体とグループでの話合いを行き来させることもあるでしょう。グループで出た意見を全体に発表させて検討したり，ある程度深まってきたところで再度グループで考えさせたりするのです。

❷ 1回のアドバイスよりも繰り返し伝え合う

　「話すこと・聞くこと」の学習活動で，互いの発表などについてアドバイスと称して，いわゆるダメ出しに終始してしまう場面に出会うことがあります。「もっと大きい声の方がいいと思います。」「最後をはっきり言った方がいいです。」といったことがやりとりされるのですが，それで終わってしまう発表会は心が痛みます。
　もしも，こうしたやりとりを教師が想定しているのであれば，それは練習や試しの活動として設けるべきであり，最後の本番で行うべきではありません。それは，1回きりの発表や交流でも同じです。単にダメ出しで終わるのではなく，相手を変え場所を変えて繰り返し伝え合う機会が保障されている方が，次第に慣れ，上達していくものです。
　アドバイスよりも，よかった点を伝えられることで自信につながり，やがて課題も解消されていくことも多々あります。

話すこと・聞くこと 〈中学年〉

35 聞くことをメモで見える化し、ほめて広める

うちのクラスの子たちは、聞くことが苦手な子が多いのよね。

「聞きなさい」って言うばかりの指導になりがち。どうしたらいいのかしら？

中学年の「聞く」では「必要なことを記録する」ことが位置付けられています。情報という観点からもメモを取る機会を小まめに設けましょう！

❶ 記号・箇条書き・付箋でメモを工夫する！

「聞きなさい！」そう言って何の手立てもないままに、躾の延長のような小言を言うだけでは、なかなか聞くことができない子がいます。

そうした際、メモを取る活動を取り入れると随分変化します。No.32（p.87）でも触れたように、1年生ですら「友達の名前」と「花丸・二重丸・丸」を書くように促しただけで、全体的にしっとりとした雰囲気で聞いていました。話に耳を傾け、手を動かしてメモを取る必要が生まれたからです。

メモの際には、その時の状況や次の活動に生かせるように、方法や用紙などを工夫するとよいでしょう。

【記号や箇条書き】

「賛成・反対」「二重丸・丸」「1・2・3」といった記号は、大半の子に

とってメモしやすいものです。加えて,「一言感想」といった形で友達の意見や発表に対して書くことも有効です。

また,箇条書きで気付いたことや思ったことをメモできるようになることも必要です。最初から必要なことだけと言っても難しい子もいます。

まずは,「気付いたことや思ったことを,できるだけメモしてごらん。」と促すとよいでしょう。メモの際には,「①…」「②…」と番号を書くことを習慣化させると,メモの数の把握や活用する際に便利です。

【付箋紙1枚に一つの情報】

付箋紙の使い方は多様です。ここでは,取材やゲストティーチャーの話を聞いた後に,情報を改めて整理・分類する際の活用法を紹介します。

用紙やノートに書いた大元のメモを見直して,必要な事柄を選んで付箋紙1枚につき情報を一つだけ書いていきます。各自が複数枚溜まったところで,グループごとに持ち寄り,出来事の順序に並べ替えたり内容ごとに分類したりしていき,分かったことや課題を明らかにしていきます。こうした取組は,KJ法(川喜田二郎,東京工業大学名誉教授)などを参考に数多くの学校で行われていることでしょう。

❷ メモの必然性とよいメモの紹介・称賛が鍵!

メモを取ればよいと子供に進めるばかりでは,「聞きなさい」と一方的に伝えることと大差ありません。取り入れるのであれば,教師は,次の点への注意が必要です。

① 子供自身が目的のためにメモを取る必要性を感じている。
② メモの具体的な方法に関する指導をしている。
③ よいメモを紹介・称賛して,よりよいメモの取り方を広めている。

この3点の中で,②は広く行われていますが,①と③は意外と意識されないまま進められてしまいがちなところです。

メモを取ること一つとっても,時間と労力が必要です。

話すこと・聞くこと 〈高学年〉

36 よい話し方や聞き方を共有してクラスの文化にする

話し方や聞き方って捉えにくいから指導に困るわ…。

どんな風にして積み上げていったらいいのかなあ？

より多岐に渡って求められる高学年。それだけに，目指す姿を教師が具体的に描き，「よい話し方・聞き方」を共有することが極めて重要です！

❶ 話型マニュアルもよいのですが…プラスαを！

多くの学校では，次のような話型に関するマニュアルが掲示されているように思います。(あくまでも架空の一例ですよ。)

・私は～だと思います。なぜかというと…。
・みなさんは，どうですか。／質問は，ありますか。
・僕は○○さんに（賛成・反対）です。理由は…。

授業を参観していて時折気になることは，「話型に縛られて自分の言葉で話すことができない子」がいるということです。もしかしたら，初めは話せないからこそ話型に関するマニュアルが必要だったのかもしれません。

しかし，時が経っても話型止まりの意見の述べ方，やりとりの仕方で終わ

ってしまっているために，その子自身の考え（声）を発信しにくくなっているように感じることがあります。

　そこで，提案させていただいているのが，「話型マニュアル＋α（アルファ）」という意識を教師が持つということです。

　話型マニュアルは適度に扱って，その上で，授業中の発表や話合いの中で出てきた効果的な話し方について「今の言葉は素晴らしいね！」と価値付けをしたり「A君の伝え方は，例え話が入っていたね。みんなはどう感じたかな？」と考えさせたりして，当初の話型マニュアルにはなかった「子供発のよい話し方・聞き方」を加えていくという考え方です。

　最も私自身は，始めから話型は用いずに，ここで言う「＋α（アルファ）」に当たる「子供発のよい話し方・聞き方」をどんどん取り上げてクラスに広めていくことの方が中心です。

　なぜかというと，「子供自身の思いや考えが剥き身のような形で発信されたり，ユーモアたっぷりに表現されたりすることから国語における対話的な活動がスタートされるべき」という思いが基盤にあるからです。

❷「プラスα」として，どんな表現を取り上げるのか

　「今の言葉は素晴らしいね！」と価値付けした言葉を短冊に書いて掲示したり，板書をして全員にメモするように促したりします。例え話をして効果的に話した子の名前を取って「〇〇さんの例え話攻撃」と，話型に代わって掲示したこともありました。当然，そうしたことがある度に「＋α（アルファ）」に当たるものが増えていきます。それらは，やがて教室独自の文化として他の子たちも活用するようになります。

　では，どういった表現を取り上げるのか。一つには，事実と意見を区別する言葉や構成のよさなど学習指導要領レベルのもの。もう一つは，耳慣れない語句や背伸びした言い回しといった教師の感覚で捉えたものです。

　これらは大人である教師が自信を持って取り上げればよいと考えます。

話すこと・聞くこと 〈高学年〉

37 | 生きた教材と本格プレゼンが自信につながる

日常生活とのつながりを感じることができるような授業がしたいな。

真剣に話したり聞いたりする活動を通して，自分に自信を持ってほしいけど…。

本書の第1章でも述べている「実態に応じた背伸びと成果」それが現実感のある場で展開された実践例を紹介します！

❶ 6年「修学旅行の幸福論〜5年生に伝えよう〜」

　6年生の秋。修学旅行と関連付けて，5年生に向けて楽しく安全に旅行に行くためのポイントをプレゼン形式で伝える授業を実施しました。

　この授業で印象的だったことは，プレゼン当日，発表した6年生も聞く側の5年生も大変真剣に臨んでいた姿でした。

　6年生は，修学旅行で体験したことを，絶景，食べ物，お土産，宿での過ごし方など自分が伝えたい事柄を選び，グループごとにスライドにまとめて発表しました。それぞれに伝えたいことがあり，どの子もスライドの構成や効果的な話し方を工夫していました。

　それに対して5年生は，来年度自分たちが行くことを想像しながら熱心にメモを取って聞いていました。主な単元の流れは，次の通りです。

【第1次（2時間）】
・教師が作成したプレゼンを見て，学習の見通しを持つ。（1）
・自分が5年生に伝えたいテーマを選ぶ。（1）
　～修学旅行：自分が選んだテーマに関連しそうな資料などを集める～
【第2次（10時間）】
・テーマごとにグループを編成し，プレゼンを作る計画を立てる。（2）
・グループごとにプレゼンスライドや発表原稿を作る。（7）
・本番に向けたリハーサルを行う。（1）
【第3次（2時間）】
・5年生を招待して修学旅行の幸福論プレゼン発表会を行う。（1）
・学習活動を振り返る。（1）

　グループは希望を基に教師が4人一組で編成しました。一組の持ち時間は5分間。スライドはパソコンのプレゼンテーションソフトを使い，一人一枚作成。そこに表紙とまとめを加えた一組6枚で仕上げることにしました。そのため，パソコンの扱いが得意な子が表紙やまとめを手掛けました。発表はノー原稿。身振り手振りを交えてスムーズに伝えられるようになるまで，昼休みなども利用して繰り返し練習する姿が見られました。

❷ 5年生が3つの観点で真剣評価に6年生はどきどき！

　5年生は修学旅行ということで興味津々。特別教室でA・Bの2会場に分けてのプレゼン。5年生のワークシートには次のような観点を設けました。

① 話の内容10点　② 話し方10点　③ スライドの工夫10点

　そこに一言感想の欄も設けました。当日は，どちらも真剣。5年生はワークシートが文字で埋め尽くされるほどメモを取っている子が数多くいました。互いに発見や実感があり，貴重な学びの時間となりました。

話すこと・聞くこと 〈高学年〉

38 自分たちで話し合いたいテーマを決めて討論会を開く

高学年として，私が言わなくても自分たちで学習が進められるようにしたいわ。

そうだね。でも，子供たちに任せきりでもいけないから難しいよね。

まずは事前に条件と活動方法を整えることが重要です。その上で，子供たちが中心になって進める場面と教師が導くべき場面を見極めていきましょう！

❶「海のいのち」話し合いたいテーマ決めて討論会を開こう

　紹介するのは，「話すこと・聞くこと」と「読むこと」を関連付けて取り組んだ実践です。言語活動として，自分が選んだ本を基に話し合いたいテーマを決めて討論をする活動を設定しました。主な流れは以下の通りです。

【第1次（2時間）】
・ブックトークを通して立松和平の作品を知り，絵本『黄色いボール』（河出書房新社）を取り上げ，教師が提示したテーマに基づいて討論を行うことで，学習の見通しを持つ。（1）
・立松和平の作品の並行読書を始める。（1）

【第2次（7時間）】
・「海のいのち」を読み，「なぜ？」「どうして？」と思ったことを中心に

討論で扱いたいテーマを各自で考えノートに書く。（1）
・前時に出た意見を集計したものを基に「海のいのち」を読んでいき，討論に適したテーマを選んで討論する。（6）

【第3次（3時間）】
・自分が選んだ立松和平の作品を基にグループを編成し，自分たちで決めたテーマに基づき討論会を開く。（3）

第2次の「討論に適したテーマ」を選ぶ際には，条件として

① 物語に記されていることから考えることができる。
② テーマに対する意見が複数に別れる（別れそう）。

の2点を提示しました。実際に選ばれたテーマは次の3つでした。
① 太一は，なぜ与吉じいさの弟子に無理やりなったのか。
② 太一は，父をやぶった瀬の主を何故，殺さなかったのか。
③ 太一は，なぜ瀬の主と出会ったことを生涯誰にも話さなかったのか。

また，第3次で扱う立松作品は，メッセージ性があり，読み手によって受け止め方が多様であることが予想される8作品から選ぶように設定しました。

❷ 具体的な学習活動と物の用意をする

討論の方法は，「① テーマの提示 ② 各自の考えをノートに書く ③ 全体（グループ）で討論会」の手順を踏みました。並行読書の際には，自分が読んだ本にシールを貼る一覧表を掲示して，互いにどの本を読んだのかが把握できるようにしました。加えて，A3画用紙を二つ折りにした「討論ブック」を用意し，「① 本の評価（星4つで評価） ② 一言感想 ③ 討論してみたいテーマ案」を毎回記録するなど，子供たちだけでも取り組めるように整えました。

子供たちに預ける際，事前に伝えておくべき条件は何か，学習活動の方法と教具はどうするのか，具体的に描いておくことが重要になります。

書くこと 〈低学年〉

39 「先生ちがーう!」子供たち大興奮の平仮名・漢字指導

1年生の平仮名や漢字の指導って,どうすればいいんだろう。

書くことが苦手な子もいるだろうから心配だなあ…。

1〜2年生の2年間で確実な定着を図ります。焦らずに,安定した方法と興味や関心を高める方法の2本柱を意識しながら進めていきましょう!

❶ 安定した導入の平仮名・漢字指導を確立する

　入門期の子供は,学習経験が乏しい反面,学んだことに対して素直に受け止め,正しいとされることに実直に取り組もうとします。さらには,教師の励ましや評価があれば,進んで取り組み,自分がきちんと行えることに心地よさを感じたり自信を持ったりすることができます。

　開始10分間を平仮名練習として位置付けると,3週間もすれば前もってテキストを開いて待っている子が現れます。大切なのは,教師が見逃さずにしっかりと褒めたり紹介したりすること。そして,続けることです。

　友達が認められている姿を見た子供たちも,次には真似をして待っています。その繰り返しから一人二人と増えていき,やがてクラスに広がっていくには3か月程かかります。平仮名・漢字の指導方法としては,

> ① 声に出して読む ② 書き順を見る ③ 目・口・耳・手を使って練習する ④ 繰り返し使う（文の中で使う）

　これらを導入の10分間で毎時行っていくことが重要です。
　「読みます！　山。」（やま）「山をのぼる。」（やまをのぼる）「書きます。指を出して！　イーチ，ニーイ，サン。」このようにして読み方を声に出したり書き順を唱えながら手で書いたりすることは，記憶力を高めると共に参加率も高めます。1時間で3～5文字程度を扱い，声に出した後は集中して書く時間も設けます。因みに私の学校では，「あかねこ漢字スキル」（あすとろ出版）を使っています。トレーニング的な活動は批判されがちですが，入門期には，こうした安定的な活動を適度に取り入れることも必要です。

❷「わざと間違える」「変化を付ける」で集中力UP！

　一方で，漫然と取り組んでも済んでしまうような雰囲気は避けたいものです。わくわくしたり笑いが生まれたりする時間であってほしいものです。漢字の由来について触れたり，文での使い方を考えたりするのもよいでしょう。
　また，時には教師が，あえて間違えるといった演出で，子供たちの注意を高めることも効果的です。「山」を板書して練習する際，「イーチ，ニーイ，サーーーーン！」と，わざと三画目を極端に長く書くと，瞬間子供たちから一斉に「違う！　間違っているよ，先生！」とかえってきます。尋ねると「三画目は，もっと短い！」とのこと。そこで次は，三画目を極端に短くします。
　すると先程よりも物凄い勢いで「違う！違う！　おかしいよ，先生！」と子供たちも大興奮。こうなると子供たちは黒板から目が離せなくなります。
　指で書き順を覚える場合にも，初めは黒板に向かって，2回目は窓に向かって，3回目は隣同士向き合って，といった具合に変化を付けたり，スピードを変えたりすることで，同じ文字でも繰り返し楽しみながら練習することができます。

書くこと 〈低学年〉

40 「視写プリント」で段階的に書く練習をする

文字や文章を書く練習が家庭でもできるといいんだけど負担が大きいかなあ。

1年生でも無理なくできる家庭学習はないかな？

それなら，大きなマス目の原稿用紙に教師が手書きで書いた五十音や短文などを印刷したものを書き写す「視写プリント」をお勧めします！

❶ 見ながら写して書く「視写プリント」

　これは，私が勤務している学校で主に1〜3年生が週に1回取り組んでいる家庭学習の一つです。私が赴任する前から取り組んでおり現在も続いているので，少なくとも15年以上は続いているものでしょう。
　16字×16字の原稿用紙に，教師が手書きで語句や短文を書いて印刷したものを，子供たちが見ながら脇にそっくり写して書いていきます。1年生の初めの頃は，ごく簡単な平仮名が数文字ある程度です。慣れてくると，短文が数行，やがてカタカナや漢字などが含まれてくるようになります。
　教師が作る際には，一行ずつ間を開けたり上の段と下の段に区切ったりして，子供が見て写しやすいようにしておきます。一度作ったものはストックしておき，次年度にも使ったり自習の際に活用したりしています。五十音の

視写プリントは，適宜復習として授業の隙間時間に行うこともあります。各年で作ったものを学校で保管しておくと便利です。

2年生は1年生に比べて写す文の量が増えます。3年生では，視写だけでなく，自分で考えて書く部分を増やしたり，時にはテーマ作文のようなことに取り組んだりした年もありました。

どの学年でも長年続いていることから，家庭で書く学習としては比較的取り組みやすいものだと言えるでしょう。

❷ 視写プリントへの教師の対応（丸付けなど）

書く活動については，添削にかける労力が話題になることがあります。本校では，甚だしい間違いを訂正する程度で，返却を早くするように心がけています。なるべく早く返すことで「自分が書いたものはどうだったのか」フィードバックできるように小さな努力を重ねています。

また，「A・B・C」の評定を付けています。厳密なものではなく，その子の励みになるように，何度も書き直して頑張ってきた様子が伺えた子にAを付けたり，慣れてきて雑になってきたらBを付けたり，といった具合です。

1年生の大半が，プリントの返却に一喜一憂をします。Aであれば「やったあ！」と跳び上がり，Bだとしょんぼりする姿に素直さとやる気を感じます。

極めて丁寧なものや努力の跡が見られたものをクラスで紹介すると，それを参考に頑張ってくる子もいます。

書くこと 〈低学年〉

41 スモールステップで書く機会を見通す

> 今回の単元で書く学習は２回目だけど，うまくいかなかったなあ。

> 作文は，やることが多すぎて，どうしていいのか分からないよ。

> ひと口に「書く」と言っても指導事項は複数に渡っています。各単元では「何を重視して指導するのか」見通しを持って臨みましょう！

❶ 今は，どんな力を身に付ける必要があるのか

　学習指導要領には，「Ｂ書くこと」について，指導事項としてア〜オの５つが掲げられており，それらは，題材の設定，情報の収集，内容の検討，構成の検討，考えの形成，記述，推敲，共有について触れています。

　これに対して，ある教科書では，２年生の１年間に８つの単元で書く学習を設けています。当然ですが，いつもいつも指導事項全てに取り組むことは不可能ですし，低学年の２年間を通して身に付けるべきものとして示されています。

　しかしながら，いざ単元が始まると，あれもこれも必要だし時間が足りないと困ってはいないでしょうか。

1年生では，本格的に作文らしい文章を書くのは，6～7月に入ってからであり，「えにっきをかこう」（東京書籍）では4時間扱いです。その次は，10月にある「わたしのはっけん」（7時間），そして11月の「おもい出してかこう」（8時間）と続きます。
　そうした中，7月の段階では，どんな力を重点的に身に付ける必要があるのか，次の10月では何を加えていくのかを見極め，無理なく段階的に積み上げていけるよう計画的に取り組むことが重要です。

❷ 年間のステップと単元のステップ

　上で触れた指導事項の重点化が年間を見通したステップだとすれば，これから述べるのは単元におけるステップです。
　一つの単元においてもスモールステップが必要です。そうでないと，書くことに自信がない子が入門期でやる気を失ってしまいかねません。
　1年生「わたしのはっけん」（東京書籍）では，自分の身の回りの動植物を観察して気付いたことを文章に書きました。書くことを見付けて，内容のまとまりが分かるように書くことが主なねらいでした。
　初めの1回目は教師が書いた参考作品を穴埋めのようにして真似して書く機会を設けました。次に，1回目を参考にして全員で同じ動植物を見て，クラス全員で情報を共有しながら，それぞれに書いてみました。そうして3回目に，自分で花壇などを見て回り，発見したことを基に文章に書いてみました。
　ステップを踏んで繰り返す中で，少しずつ内容のまとまりを意識して書くことができるようになっていきました。

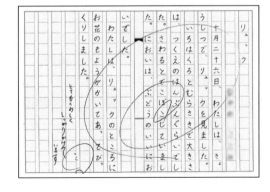

書くこと〈中学年〉

42 書くために重要な書く前のプロセス

> なんとなく書き始まってしまったけどうまくいかないなあ。

> 今更やり直すようにも言えないし…どうしよう…。

> 「書く前までのプロセスが重要」これは，私が中学年を担任していた時に実感したことです。その時の実践例を紹介します！

❶ 書く前の手立ての充実が書くことを促進させる

　書く学習は積み上げるように形になる反面，後戻りしにくい面があります。比較的書く活動のウエイトが大きくなる場合には，前半の手立てを充実させることで，書くことに戸惑いや不安を感じた時に有益な支援ができるようにしておくことが重要です。

　3年生「お話を作ろう」(東京書籍，平成23年度版)は，教科書のイラスト地図を見て想像したことを物語として書く学習でした。前述の第1章で4行しか書けなかった子が最後には原稿用紙6枚も書くことができたと触れました。そうした子が，どのような手立てから後半の書く活動につなげていったのか，簡単に，ご紹介いたします。

【第1次（2時間）】

・教師が作成したお話を聞き，絵本作りのイメージを持つ。その上で，自分が進みたい地図の道を選ぶ。
・参考作品や教師が用意した絵本を読み，展開要素や参考となる言葉を捉え，クラス全体で「お話の窓」としてまとめる。

➡ ①　教師が作成した話は，繰り返し触れ，書き方のよい点を考える活動を設け，参考にできるようにしました。
　② 　絵本は，想像力を膨らませるためと展開の参考にもしました。
　③ 　「お話の窓」とは，読んだ絵本の要素を捉えるワークシート。次のようなことについて絵本を読むごとにメモしていきました。

| ①　主人公　②　住んでいる所　③　敵（ライバル）　④　どんな出来事が起こったのか　⑤　解決方法（勝ち方）　⑥　話の最後はどうなったか |

【第2次（8時間）】

・選んだ地図の道を基に想像して，お話の大まかな構成を考える。
・教科書の「始まりの場面」から登場人物や状況の設定などを捉え，お話の書き方や言葉の使い方について全体で話し合う。
・教師が作った参考作品の「川をわたる場面」の主語・述語や会話文の書き方を捉え，選んだ場面において想像したお話を書く。
・教師が作った参考作品の「うさぎに出会う場面」の登場人物の気持ちや様子を表す書き方を捉え，選んだ場面において想像したお話を書く。
・身に付けた知識を基に，自分が想像したお話の続きを書く。

➡ ①　場面ごとの簡単な構成メモを用いて書く見通しを立てました。
　② 　どんな設定で，会話文は，どのように書かれているのかを取り上げて，その効果について考える話合いを設けました。
　③ 　参考作品を基に，どのように書けば気持ちや様子が読み手に伝わるか考えました。（例：「にたにた笑う」と「にっこり笑う」の違い）

　これら以外にも，読んだ絵本から気に入った言い回しや表現をメモして自分が書く時に参考にする「言葉集め」も行うことで書くことに臨みました。

書くこと 〈中学年〉

43 「題名」「書き出し」を共有することで工夫する

いつも書き出しで苦労する子が多いんだよなあ。

題名が似たり寄ったりで，個性が感じられない場合どうすればいいの？

部分的なことではありますが，語彙を豊かにすることや書き表し方を工夫することにもつながる機会。ポイントは「共有」の方法にあります！

❶ 題名は，板書と比較で再び書くチャンスを！

　3年生に「心にのこったことを」（東京書籍）という単元があります。自分の身の回りで起こった強く心に残った出来事について文章の組立てに気を付けながら様子や気持ちが伝わるように書く学習です。

　組立てが整い，いざ書く段階になると同じ題名が散見され，工夫が感じられないことがあります。

　そのような場合には，前述した参加型板書で黒板に全員で書いてみることをお勧めします。すると，「楽しかったプール」「楽しかったプール」「楽しかったプール」と全く同じ題名や似たようなものが数多く並びます。それを見れば子供たちも「うわあ，ほとんど同じ。」と感じるはずです。

　中には，一人か二人キラリと光る題名がある場合があります。子供たちに

「題名だけだったら,どれを読んでみたいかな?」と尋ねれば,読み手の興味を引く工夫された題名に注目が集まることでしょう。

　このようにした上で,「題名によって読み手は興味を持ち,読んでみようという気持ちになります。伝えたいことを自分なりに工夫した題名で,もう一度書いてごらん。」と促すことで,もう一歩工夫したものに変化します。

❷ 書き出しは,複数の作品でお気に入りを!

　3年生には「人物を考えて書こう」(東京書籍)という絵から想像を広げて物語を書く学習もあります。教科書の例文の書き出しは「ある秋の日,ポンタは…。」となっています。

　その例文だけを参考にすると,書き出しの意識が乏しい子供たちは,「ある夏の日」「ある冬の日」となってしまうことが予想されます。

　そこで,私が機会あるごとに行うのは,複数の絵本の書き出しを短冊やワークシートで紹介して,その効果や自分の好みを選ぶ機会を設けることです。

A:「こっちだよ。早くこないと,みんなにげちゃうよ。」
　そういって太郎は,右手をあげて私の方を見て言った。
B:ぼくの気持ちは,すごく落ちこんでいました。なぜかというと,その日のテストは自信がなかったからでした。
C:それは3か月前。まだ午後の3時ぐらいだったのに,まわりはとても暗くて,ちょっとこわい感じがした日。

　子供たちに提示して,それぞれの違いについて考えたり感じたことを発表し合ったりすることで,効果や参考にしたい書き出しが明らかになっていきます。「では,選んだ書き出しを真似して書いてみましょう。」と時間を設ければ様々な書き出しが誕生します。中には,複数の例文に触発されて自分なりの書き出しを考える子が出てくる場合もあります。

書くこと 〈中学年〉

44 読み合い，よさを述べ合う機会が肯定感を育む

> 作品ができたら互いに読んで感想を言い合えばいいんじゃないの？

> 文章に間違いなどもあるだろうから，そういう点をアドバイスし合うとか…。

> 新しい学習指導要領では，「書くこと」の中に「共有」が位置付けられています。具体的な観点と様々な方法で有意義な活動にしましょう！

❶ どんなことを意識して共有すればいいのか

新しい学習指導要領では，文章の「共有」について次のように記されています。

> 【B書くこと(1)オ】
> 書こうとしたことが明確になっているかなど，文章に対する感想や意見を伝え合い，自分の文章のよいところを見付けること。

子供たちが感想を書いたり伝え合ったりしている様子を見ていると，「戦って勝つところが面白かった。」といった内容に関する大雑把なものや，「字がきれいだった。」といった本来の目標とずれた感想が見受けられます。
もちろん内容の面白さなどに触れてもよいのですが，「今回の書く学習で

は，どんなことを大切にして書いてきたのか」そのことを子供自身が，自分たちの目で認め合うことが重要です。付けたい力として重点化してきたことに関わる共有です。それが，上の「書こうとしたことが明確になっているかなど」に表されています。

そのためには，読み合う（共有する）ための観点が必要です。例えば，内容に関する感想に加えて，「様子を表す言葉について」「構成について」といった観点を設けて伝え合うようにするとよいでしょう。

❷ 友達の作品を読み合う活動あれこれ

読み合う活動にも様々な方法があります。ほんのちょっとした違いですが，活動によって数多く作品を読むことができたり，楽しい気分で取り組むことができたりします。

① **回し読み方式**…各自の席はそのままで作品を順々に回して読み合う方法。感想用紙を添付しておき，そこに次々と感想を書き加えていく。数多く読め，筆記のみの伝え合いではあるが沢山の感想が書かれて戻ってくることに子供たちは満足。

② **ペア方式**…No.8の「対話的な活動」で紹介した「ペアローテーション」を取り入れた読み合い。席を一つずつ移動しながらペアで互いの作品を読み合い，相手の文章の感想やよさを伝え合う。普段は，あまり話さない友達との交流も生まれる。

③ **おみくじ方式**…給食の配膳台などに裏返して作品を並べ，おみくじのように引いた作品を読み合う。コツとして最初の1回目は教師がランダムに作品を配布し，読んで感想を書き終わった子が前に出てきて配膳台の上に，裏返しで作品を置いていくようにすること。そうすることで，初めの混雑などを解消できる。もちろん感想用紙を添付しておく。

こうした読み合いに関する活動もバリエーションがあると，子供たちは，その時々を楽しんで取り組めます。実態に応じた方法を！

書くこと〈高学年〉

45 子供イキイキ！読んでほしい相手を選んで書く

高学年になると，いよいよ個人差が大きいんだよなあ。

どうすれば，どの子も安心して書くことに取り組めるかしら？

こうした時こそ，第1章のNo.2で触れた「選べる活動」を取り入れることで，指導事項の重点化を図りながら，個人差にも応じた活動を設定できます！

❶「選ぶ活動」で「誰に読んでほしいのか」選ぶ

　書くことが苦手な子が物語づくりに取り組んだ時，「どうすれば，構成と表現の工夫を意識しながら，どの子も書くことができるだろうか？」と悩みました。そこで，思いついたものが，第1章のNo.2「全員参加できる安心の言語活動を保障する」のところでも述べたように，読ませたい相手を「選ぶ」ということでした。物語を読んでもらう相手は何年生でもよいはず。低学年向けは必然的に漢字が少なく短いものになり，文量も比較的短め。一方，高学年向けは漢字も内容も複雑になります。

　このように，物語などを書く活動の際，「誰に読んでほしいのか」といった相手意識を明確にした上で取り組むことで，より多くの子が参加しやすくなります。

❷ 5年生「不思議な世界へ出かけよう」
  〜物語づくり〜

　5年生「不思議な世界へ出かけよう」(東京書籍)では,宮沢賢治の「注文の多い料理店」で構成や表現の工夫について学習したことを生かして物語づくりに取り組みました。

　その際,「低・中・高学年で,どの学年に向けて物語を書きたいか」を選ぶところからスタートしました。物語づくりのゴールとしては,出来上がった作品を,それぞれの学年の廊下にテーブルを設置し,手に取って自由に読んでもらえるコーナーを設けました。

【単元の主な流れ】

宮沢賢治の「注文の多い料理店」で構成や表現の工夫について学習
↓
「不思議な世界へ出かけよう」
学習したことを生かして「誰に読んでほしいのか」を選ぶ

| 低学年向け | 中学年向け | 高学年向け |

↓
構成や表現を工夫しながら自分が想像した不思議な物語を書く
↓
完成!
低・中・高学年の廊下に展示して自由に読んでもらう

　このように読んでほしい相手を選ぶことで,どの子も安心して書くことができます。物語が完成した後,各学年の廊下に作品が並んだ当日は,登校するなり群がるようにして作品を手に取ったり,朝の読書の時間に読んだりして大変評判のよい様子に,書いた5年生も満足な様子でした。

書くこと〈高学年〉

46 短歌や俳句は「プチ吟行」と手直しを取り入れる

> 私自身，短歌や俳句づくりに自信がないのよね…。

> どんな手順で教えればいいのかしら？

> プチ吟行と称して行う俳句づくりが好評です。作品の手直しの機会を設けることは必須！No.28の語彙指導と合わせてお読みください！

❶ 季語一覧も添えて，校舎内外を「プチ吟行」！

　様々な言葉に触れて興味をもったNo.28「俳句や詩を作る学習は，言葉を見つめるチャンス！」が前半。ここから中盤に移ります。

　教科書には，倒置法や体言止め，比喩などに関する例文が載っています。それらの表現の工夫の仕方をひと通り知った上で俳句づくりに挑戦。

　まずは題材を出し合いました。昨年は，冬の句に限定して書くことにしました。「冬と言えば，何を思い浮かべますか？」と問い，3個以上思いついた子に参加型で板書させると，「雪だるま，クリスマス，こたつ…。」といったものが並びました。こうして書き表したことが刺激となって題材が思い浮かぶ子も少なくありません。

　次に，「プチ吟行」と称して，校舎を旅するように周って句を作るか，教

室でじっくりと考えるかを選ばせました。参考になりそうな冬に関する季語を30程度印刷して渡しました。それらを参考にしながら自分にぴったりくる言葉を考えるためです。

プチ吟行での条件は2つ。「一人で孤独を楽しむように取り組むこと」，もう一つは，「おしゃべりをしないこと」です。中庭で一人たたずむ子，じっと窓の外を眺める子など様々でした。

❷ 後半戦。 参考作品を真似して手直しする機会を設ける

書いた作品は作りっ放しにはしません。教科書や参考作品を真似して手直しする機会を設けました。「表現の工夫を何か一つは取り入れてみよう。」と投げかけると，別の言葉で表したり，倒置法になるように順序を入れ替えたりする子が出てきたので，クラス全体に紹介すると，少しずつ工夫の輪が広がっていきました。やはり，称賛や紹介は重要です。

ある女の子は，始めは右端の「風花と　私の思いも　とんでいく」と書いていました。それを真ん中のように言葉や語尾を変え，最終的には左端のように「思い」と「想い」といった漢字まで入れ替え倒置法を取り入れて，「とんで行け　想いとともに　風花よ」と素敵な作品に仕上げることができました。

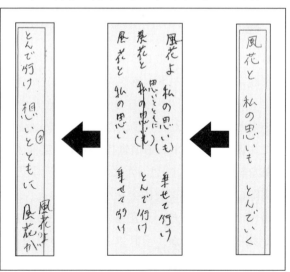

最後は3クラスで作品を交換して句会を開き，互いの作品を味わうことができました。

書くこと 〈高学年〉

47 随筆を書いて「紙上ブログ交流会」

書くことが楽しかったり，書いたことが生かされたりするようなアイデアはないかな？

そうだね。書くことが楽しいと思えるような体験ができるといいんだけど…。

「紙上ブログ交流会」は，書くことを敬遠しがちな子たちにも「もっとやりたい！」「書くことも読むことも楽しかった！」と大人気です！

❶ 書くこと，読むこと，そして反響があることの喜び

6年生「ずい筆を書こう」（東京書籍）では，随筆をブログに見立て，互いに読んではツイート（感想を書き込む）できる「紙上ブログ交流会を開こう」を計画しました。（No.2も参照）導入で，「随筆とは何だと思いますか？」と問いかけた時，子供たちは，ぽかんとした表情をしていました。そこで，新聞に載っている同世代の随筆や芸能人のブログ，前年度の6年生の随筆を紹介すると，「思ったより簡単そう。」という声が返ってきました。

実際に紙上ブログ交流会をやってみると，「形にこだわらずに自分の思いが書けて楽しかった。」「友達の作品がいろいろ読めてよかった。」という感想が見られましたが，それ以上に多かったのが，「友達が沢山ツイートしてくれて嬉しかった。」というものでした。自分が書いた随筆に対してリアク

ションがあり，周囲に受け入れられたことが実感できたからこそ喜びを感じたのでしょう。

「どうすれば随筆が書けるようになるか」教師として意識するのは当然ですが，書くことの楽しさを感じられたり，互いに共有することの喜びを味わったりすることができる工夫も大切にしたいところです。

❷題材集めのヒントとブログ交流会

　題材がなかなか浮かばない子もいます。そうした際には，思いついた子に題材を板書させるとよいでしょう。「遠足，サッカー，足の骨を骨折したこと，ずるいお母さん…。」と様々な題材が並びます。その中からユニークな題材を取り上げて本人から話を聞く機会を設けると，その話に触発されて題材が思い浮かぶ子がいるはずです。

　次に，選んだ題材について書く事柄を簡単に整理して随筆を書いていきます。ここでは「形式にこだわらずに書ける」という随筆のよさを大事にしましょう。書くことへの抵抗を取り除くことにつながります。ワークシートは右側に随筆を書き，左側は友達がツイートを書き込むことができるものを用意しました。

　交流会は，No.44で紹介した「おみくじ方式」で行いました。引いては読んで書き込むことを，どの子も楽しんでいました。

読むこと 〈低学年〉

48 低学年の音読は変化をつけて繰り返す

初めての1年生の国語。どうしよう…。

教科書のあの短い文章をどうやって扱うの？

45分もたないよ。

子供はマンネリが苦手。1年生なら尚更ですね。しかし，簡単なことからテンポよく変化をつけて行うことで，どの子もノリノリで取り組みます！

❶ 易から難へ変化をつけて繰り返す

　1年生の国語の教科書を見て「どうやって授業をするの？」と驚く人がいます。音読といっても，あっという間に終わってしまい，どうしてよいか分からず，次々と読ませるだけになってしまいかねません。

　そんな音読練習におけるポイントは，「易から難へ変化をつけて繰り返す」ことです。これは向山洋一氏の実践からヒントを得たものです。簡単なことから始めて，少しずつ変化をつけて繰り返す。そうすることでマンネリが嫌いで集中が持続しない子供たちでも，徐々に方法やレベルが変化していく活動に興味を持ってチャレンジすることができます。

　また，テンポよく進めることも大切です。余計な説明を削り手際よく進めます。始めは上手に音読ができなくても，変化をつけて繰り返すうちにでき

るようになっていくものです。

　逆に，子供たちにとってハードルの高いことから始めて，しつこく何度も同じことをやらせるとしたらどうでしょう。大人でも嫌になってしまいます。

❷ 変化をつけて繰り返す音読あれこれ

　では，具体的には，どのように変化をつけて繰り返し音読をするのか，ほんの一例を紹介します。どのような変化のつけ方があるのか示しましたので，一度に全てを行うわけではありません。音読練習する際，これらを参考にして実態に合わせて工夫していただければ幸いです。

【形態に関する変化例】
① 先生の後について読みます。
② 川（縦列）ごとに読みます。
③ お隣さんと「。（丸）」読みします。
④ 男の子が先。女の子が後に読みます。
⑤ 先生が先。みんなが後に読みます。
⑥ 立って1回。座って1回読みます。
⑦ 1回目は前を向いて。2回目は窓の外を見て。3回目は後ろを向いて読みます。

【読み方に関する変化例】
① 今の2倍の声の大きさ（速さ，高さ）で読みます。
② 隣の（校庭の向こうの，外国の）友達に聞こえるように読みます。
③ アリさん（ゾウさん，おじいさん）になって読みます。
④ 泣き（怒り，笑い，驚き）ながら読みます。
⑤ 今の読み方と違った読み方で読みます。

読むこと 〈低学年〉

49 本好きがいっぱいになる毎時の読み聞かせクイズ

読み聞かせをして本に親しませたいけれど，どうすれば効果的なのかしら…。

1年生の場合には，どんな本がいいのかなあ。

1年生には，毎時の授業の導入に取り入れるとよいでしょう。読み聞かせの後に，物語にまつわる簡単なクイズを出すこともおすすめです！

❶ 子供たちが楽しみにしている読み聞かせクイズ

「先生，これを読んでください。」1年生の数人が1冊の本を手に私のところへやって来てくることがしばしばあります。その本とは，国語の授業の始まりに行っている読み聞かせのためのものです。例年，4月から夏休み前までを中心に，1年生の国語の始まりには読み聞かせクイズを行ってきました。

これは，私の勤務校の大先輩である高島俊幸氏から教えていただいたものをアレンジしたもので，子供たちは毎回心待ちにしています。

授業の始めに教師があらかじめ用意した本の読み聞かせを行います。その後に5問程度，簡単なクイズを出します。「オオカミの名前は何でしたか？」「二人は，どこへ行きましたか？」子供たちが答えます。平仮名が書けるようになってからは，ノートに答えを「①　がぶ」「②　やまごや」と書くよ

うにします。読み聞かせに加えてクイズもあるので，子供たちは興味深く耳を傾けてくれます。しばらくすると，冒頭のように「これを読んでください。」と子供たちの方からリクエストがくるほどです。

毎回，授業の始めの10分程度。1年生の4月の国語に不安を抱いている先生方にもお勧めです。

❷ 1年生は文の長さを考えて！リズムから内容へ

読み聞かせというと，心を育てるというイメージがあるので，とかく感動するような本を大人は選びがちです。家庭において一対一で行うなら別ですが，沢山の友達に囲まれた教室ではなかなか集中できず，手遊びなどをしてしまう子も少なくありません。

始めは，文の長さが比較的短く，リズムのよいものが妥当です。聞いているだけで楽しい気分になり，思わず声に出して言いたくなるような絵本です。言葉遊びを扱った絵本なども1年生は大好きです。長いお話で1冊よりも短いお話で2冊用意する方がよいでしょう。

慣れてきたら，徐々に文が長く，ストーリー性のあるものに移行していきます。読み聞かせクイズの5問目に，「自分だったらどうしたかな？」という問いを入れることもあります。そうすると，その子なりのユニークな反応が返ってきます。時には，絵本ではなく読み聞かせ集から，耳で聞いて想像させるようにもするとよいでしょう。

因みに，私は次のような点に気を付けて読み聞かせを行っています。

① 絵本の絵に手が重ならないようにページをめくる。
　（ページの厚い方から薄い方へとめくる）
② 間（ま）を意識して，あまり抑揚をつけないで読む。
③ 黒板の手前に立ち，顔の横に本を掲げて全員が見えるようにする。
④ 最後に表紙と背表紙を開いて見せる。

読むこと 〈低学年〉

50 場面に着目した音読劇＋動作化で想像する

「おおきなかぶ」に入るけど、こういう物語って劇などをすることが多いのかなあ…。

学習指導要領に「登場人物の行動を具体的に想像する」ってあるけど、うちのクラスでできるか心配。

「具体的に想像する」といっても、言語が未発達な低学年。だからこそ音読劇や動作化が有効。しかし、その取組み方にポイントがあるんです！

❶ 這い回る前に「その劇、ちょっと待った！」

　1年生「おおきなかぶ」（東京書籍）では、とかく劇や音読劇などが行われています。そのこと自体は悪くありません。まだ言葉が乏しい低学年において、劇などを取り入れることによって、言葉では表現しきれない自分の読みを表出・共有することができるからです。

　しかし、教師は「何のために」「どんな方法で」単元に位置付けて取り入れるのか、を検討する必要があります。単に劇を取り入れただけでは、1年生には手におえず膨大な時間と労力がかかるばかりです。

　新しい学習指導要領には、「C読むこと(1)エ」に

> 場面の様子に着目して、登場人物の行動を具体的に想像すること。

があります。解説では場面の様子と結び付けた上で，

> 主人公などの登場人物について，何をしたのか，どのような表情・口調・様子だったのかなどを具体的にイメージしたり，行動の理由を想像したりすることである。(『小学校学習指導要領（29年告示）解説国語編』一部抜粋)

と記されています。

「何をしたのか，どのような表情・口調・様子だったのか」を共有するには，音読劇や動作化は有効でしょう。そして，それらは「場面の様子に着目して行う」ことが重要であり，始めから終わりまで劇を行うことが主眼ではありません。

教師は，登場人物の行動について想像させたい場面を取り上げて，グループで分担をして音読する活動を設定したり，表情や様子を動作化で比較できる機会を設けたりします。その後で，「今，大きな声で呼んで手を振っていたけど，どうして？」と問えば，その子は「早くかぶを抜きたくて待っていられなかったから。」と，声に出したことや動作化が補助的な役目を果たし，自分が想像したことを伝えやすくなります。

❷「おおきなかぶ」で見せた子供たちの姿

　グループごとに場面を選んで音読劇をした時のことでした。元気な男の子が，おばあさん役だったので，「どんな風に娘を呼んだの？　A君やってみて。」と私が促すと，彼は教科書の会話文以外に付け足して，「おおい，娘や！　かぶが抜けないから早く手伝っておくれ。腰が痛くて抜けんのじゃ。」と演じ，一同大笑い。すると，犬役の子も尻尾を振る動作でやる気を表しながら「ワン，ぼくも手伝うよ。ワン！」など，動作を増やしたり会話文を加え始めたりしました。これらは，物語に沿いながら行間を具体的に想像して読んでいる姿と言えるでしょう。

読むこと 〈中学年〉

51 子供の思いと教師の意図をつなぐ授業をつくる

> 子供同士が物語について進んで語り合うような授業がしたいなあ。

> でも，子供に任せっきりでは，どうなるか心配。どんなことに気を付ければいいんだろう？

> 「子供の思い」だけでなく，そこに「教師のねらいや意図」が一致した時，有意義な学びが生まれます。その二つが融合する学習を目指しましょう！

❶ 子供のわくわくは，教師の手のひらの上で

「主体的・対話的で深い学び」が推進されるようになり，これまで以上に子供の立場に立った授業づくりが求められるようになりました。

しかし，忘れてはならないのは，子供たちに身に付けてほしい資質・能力を見据えた上での授業づくりであるべきだということです。「子供の思いが大切だから」という理由だけではなく，「何のために」「どんなことに」取り組ませたいのか。教師のねらいや意図を明確にして計画する必要があります。

子供の思いと教師のねらいや意図が一致した時，子供は「やりたいことを自分で進めることができている。」と思い，教師は「自分が計画したねらいに即して授業が進んでいる。」と感じるはずです。ここでの教師のねらいや意図とは，お釈迦様の手のひらに当たる重要な役目なのです。

❷ 3年「サーカスのライオン」感動・ふしぎ名場面交流会

　「わたしがえらぶ！感動・ふしぎ名場面交流会」として，自分が選んだ本の名場面を見つけて交流するという言語活動を設定した時のことです。

　当時，私は，「子供たちが自分で名場面を選ぶことはよいが，『サーカスのライオン』の山場で，ライオンのじんざが金色に輝いた理由については，ぜひとも考えさせたい。」と思っていました。単に，お気に入りの名場面を選ぶだけでは心許ないと考えていたのです。

　そこで計画したのが，「感動・不思議」を軸にした名場面の選択活動でした。「感動」という条件があれば，ライオンのじんざの勇気ある行動や心情の変化を落とすことなく選ぶ可能性が高まります。「不思議」という条件があれば，「どうして最後にじんざは金色に輝いたんだろう。」と多くの子が不思議に思い，その理由について話し合う機会が必要になるはずだと予想しました。（関連はp.19 №5）案の定，クラスの8割の子供たちが選びました。当日の授業では，「じんざが金色に輝いたのは，よいことをしたから金メダルと同じでぴかぴかと輝いたんだ。」「いや，じんざは男の子にお別れを言うため，その挨拶として輝いたんじゃないかな。」と，文中の会話や行動，場面と場面とを関係付けたりしながら熱を帯びた話合いとなりました。

　第2次で「サーカスのライオン」について学習した後は，第3次で，自分が選んだ絵本から名場面を選び，交流会を開く時間を4時間設けました。そこでは，35人が4つのグループに分かれ，互いに選んだ絵本の名場面について交流し，紹介された中から読みたくなった本を各自で読むことができる機会を設けました。子供たちは，感動と不思議を入り口に様々な本について語り合っていました。

　付けたい力に基づいてねらいや意図を明確にした上に，子供たちが推進者として自ら熱中して取り組むことができる国語の授業を，私たち教師は創っていきたいものです。

読むこと 〈中学年〉

52 第2次の学習を精選し、第3次で応用できる力を付ける

説明文を基に自分で調べるっていうけれど、うちの子供たちは教科書を読むだけで精いっぱいだわ。

しっかり読ませてから、それなりに調べる程度でいいと思うけど…。

お気持ちは分かります。しかし、そもそも何のために読むのか。ねらいに応じた読み方で、子供が学びを生かせるように計画しましょう！

❶ 第2次での学習が第3次に転移できますか？

　説明文を扱った授業の後半で、自分が調べたことを紹介する活動が設定されているものを目にする機会が増えました。ところが、第2次では従来通り段落の要約や段落相互の関係などを扱ったものの、後半の第3次では、あまり関連がない活動が行われているように感じることがあります。

　授業者に尋ねてみると「うちのクラスの子たちは、しっかり読むことができないので、教科書の説明文を読むことで精いっぱいですから。」という返事が返ってきます。

　もし、そうなのであれば、第3次の調べたことを紹介する活動は、何のためにあるのでしょうか。第3次において自力で解決することができるようになるために第2次までの学習があるはずです。「目的のためにはどのように

要約をすればよいのか」「段落相互の関係から自分が調べたことをどうすれば相手に伝わるようまとめることができるのか」その手順や具体的な方法について学習するのが第2次なはずです。

そう考えると，第2次で子供たちが，どんな知識や技能を習得すれば第3次に応用できるのか精選する必要があります。

❷ 教師が実際にやってみることで把握する

4年「くらしの中の和と洋」（東京書籍）では，教科書の説明文を基に，後半では自分が紹介したい暮らしの中にある和と洋の違いについて調べてまとめる活動があります。どのようにまとめればよいのか例文も載っています。

そこでは，引用の仕方や要約の仕方について，クラスで分析して「引用する際の留意点と具体的な手順について」明らかにする必要があります。要約については，単に短くまとめるだけでなく「何のために」「どんなことを」「どのように」要約すればよいのかを検討しなければ，第3次で，図鑑などから，どこを要約すればよいのか全く分からないでしょう。そして，文章にまとめる際には，段落の構成についても知っておくことが必要です。「どのくらいの長さで」「どのようにまとめるのか」これらのことを第2次に位置付けてこそ，第3次に転移させ，学んだことを生かせるのです。

こうしたことを事前に明らかにするためには，教師が子供の立場に立ち自分で調べて実際に作品を作ってみることで，難所について把握する必要があります。

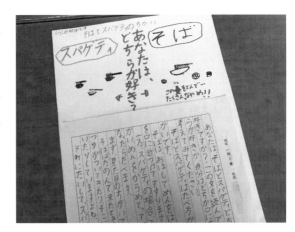

読むこと 〈高学年〉

53 朗読一つで登場人物の心情が異なることを考えさせる

> 4月始めの単元に音読や朗読の授業があるけれど，どうすれば深まるのか今一つよく分からないわ。

> 高学年になると朗読ってあるけれど，音読とはどう違うのかなあ？

> 朗読は，一人一人の解釈の違いを表す一つのポイントとなります。4月のスタートで意識付けをして，年間を通じて扱っていきましょう！

❶ 4月だからこそ高めたい朗読に対する意識

新しい学習指導要領で音読や朗読は〔知識及び技能〕として位置付けられています。解説では，音読が文章の内容や表現をよく理解して伝えることに重点があるのに対して，朗読は

> 児童一人一人が思ったり考えたりしたことを，表現性を高めて伝えることに重点がある。

としています。4月最初の単元では，これらのことを踏まえて臨むことが求められます。そうでないと，声の大きさや速さ，間の取り方といった音読の技能に終始して，それぞれに思ったり考えたりしたことが反映されずに終わってしまいます。

また，スタートの４月だからこそ，子供が音読と朗読の違いを知り，相手に伝わるように工夫して読むことが意識できるようにしたいものです。

❷ 朗読と精査・解釈を関連付けて深める

　６年生の始めに「サボテンの花」（東京書籍）という単元があります。そこに，砂漠の中で立ち続けるサボテンに対して，通りがかりの風が「どうしてこんな所に生えているんだい。ここに生えるのはむだなことだ。（一部抜粋）」と尋ねる場面があります。

　クラスの大半の子が，その文を何気なく読む中，Ａ男がサボテンに対して，上から目線でいかにも軽蔑するように読み上げました。そこで「どうしてそのように読んだの？」と尋ねると，彼は「この時点で，すでにサボテンを馬鹿にしているはずだから。」と答えました。

　すると，それに対してＢ子が「この時点では，馬鹿にしているかいないかは分からない。」と反論しました。そこで，どうのように読むべきかＢ子に朗読を促すと，Ａ男とは異なり素朴な疑問を投げかけるように読み上げました。

　これらを受けクラス全体に問いかけると，それまで何となく読んでいた文章に注目が集まり，その前後を確認したり声に出して読み返したりし始めました。しばらくすると，Ｃ子から「次の頁に『（風は）分かったような分からないような…』と書いてあるから，最初の時点では馬鹿にしていないのではないか。」という意見も出されました。

　このようなやりとりを積み重ねると，文章に対して，どのように読むべきかを考えるアンテナが高くなり，敏感に反応するようになります。教師は，朗読の仕方が子供同士で別れそうな微妙な場面を捉えて，時折子供たちに問いかけることをお勧めします。それにより，一人一人の解釈が異なることを実感したり，読み方を工夫することの効果について考えを深めたりする機会になります。

読むこと 〈高学年〉

54 どの子も熱中！群読で読みを創り出す

子供たちが力を合わせて取り組めるような活動はないかな。

元気でやんちゃな子たちも熱中するような授業ができたらいいんだけど…。

群読の授業がお勧めです！　どう読むかを互いに考えながら，声に出して繰り返し読むことに取り組みます。学習発表会などでも大好評です！

❶ 群読は「創造性に富んだ集団的な読み」が最大の特徴

これまで機会あるごとに群読に取り組んできました。その度に群読の教育的な価値を実感してきました。そのよさとしては，次の３点が挙げられます。

① 一人一人の感じ方や思い，考えなどが違うことを踏まえつつ，集団として，どのように音声化すれば聞き手にもよく味わってもらえるのかなどを話し合いながら取り組み，一体となって楽しむことができる。

② 一人では小さい声になってしまう子が，集団の雰囲気で思わず大きな声が出たり，一人では生み出せなかった迫力やリズムを味わったりするなど，自分だけで読むこととは異なった楽しさを味わうことができる。

> ③ ソロ・アンサンブル・コーラスといったパートごとの読み手として役割を担うと共に，それぞれが音読を目前にした聞き手として，互いの読みをよく聞く存在として作用する。

　ここで言う「ソロ・アンサンブル・コーラス」とは，音楽の用語を利用して名付けられた分読の呼称であり，酒井誠氏によって命名されました。
ソロ…一人の朗読。言葉の繊細な意味を表現する。また一定の人物などを表現する時にもよい。
アンサンブル…2名以上のグループ朗読。事柄や状況の叙述に適する。
コーラス…全員の朗読。大胆に叙述の骨格を表現する。迫力や美しい声の集合を表現。

❷ 5年生「群読をつくろう～われは草なり～」

　子供たちが大興奮した群読。ここでは，大まかな流れのみをご紹介します。
　第1次（2時間）では，導入として前年度に6年生が行った群読の映像を見せました。子供たちは「すごい！」と一気に興味を持ちました。今なら群読集なども販売されていますので，子供たちに簡単な群読体験をさせることもよいでしょう。第2次（5時間）では，詩「かっぱ」（谷川俊太郎）を基に群読の原稿を私が作り，初めての群読体験をして，気付いたことや思ったことを共有しました。リズミカルで短い詩なので，あっという間にできました。それから本教材である詩「われは草なり」（高見　順）を用いて，群読の脚本や文の解釈について5人一グループで話し合いながら群読つくりをしました。
　第3次では，グループで互いに群読を発表し合い，その後は学校行事と関連付けて発表の機会も持ちました。
　オリジナル単元なだけに計画には手間がかかりますが，クラスが一丸となって熱中するような授業をしたいのであれば，ぜひお勧めです。

読むこと 〈高学年〉

55 一つの教材から広げて読むことで深く考える

「子供が自分の考えをまとめることができる力を付けさせたいんだけど…。」

「教科書だけでは何か足りない気がするし、だからといってどう広げていけばよいのか分からないわ。」

「まずは、教材を基に「何について自分の考えをまとめるのか」を明確にしましょう。次に、関連した言語活動と必要な物の用意を考えましょう！」

❶「ヒロシマのうた」から「平和」について考える

　6年生も後半になると、これまでに経験してきたことを生かした懐の深い学習を展開したいものです。「ヒロシマのうた」（東京書籍）は、戦争を扱った教材です。私は、そこで「平和とは何か」ということを子供たちなりに考えてほしいと願い、単元を計画しました。

　平和について自分の考えをまとめるとなれば、一つの物語だけでは足りません。「ヒロシマのうた」で考えた平和というものをきっかけにして、戦争に関する複数の本を読み、その都度「平和とは何か」と自分に問いかけたり友達と話し合ったりすることを通して深めていってほしいと考えました。そして、子供たちは実に真剣に戦争に関する本と向き合ってくれました。

　このように、あるテーマを軸にして複数の本を読む方法や問題の解決を求

めて様々な本を調べるという方法があります。中でも、一つのテーマを軸にして読み比べることは、多様な立場から物事を見つめる貴重な機会になります。

❷ 読みを累積できる方法と段階的な活動の確保

　複数の本を読みながら自分の考えを徐々にまとめていく言語活動を設定した場合、子供が自立的に読みを記録できる方法が必要です。

　例えば、下の写真は「ヒロシマのうた」で用いた読書カードです。Ａ５程度の厚紙をリングで綴じて記録を累積し、自分が読んだ本と考えの積み重ねが実感できたり、必要に応じて見直したりできるようにしました。

　カードの内容は「物語全体から考えた平和」と「心に残った文章から考えた平和」の２項目としました。そこから、どちらか又はどちらも選んで「平和に対する自分の考え」を累積できるようにしました。

　また、自分の考えを少しずつ形成していけるように、教科書教材に基づいて話し合う段階と自分が選んだ本を基に話し合う段階など、繰り返し深めることができる活動を設けました。

　「ヒロシマのうた」では、第２次で本文を読んで平和について３回に分けて自分の考えをカードに記し、それを基に座談会を開きました。その後、第３次では、並行読書で心に残った本や文章を基に、グループやクラス全体で平和について考える座談会を開きました。そして最後に、２回の座談会で交流したことを生かして、平和についてまとめるようにしました。

Afterword　おわりに

　小学校で「国語専科」として過ごす時間も長くなりました。
　4月。私は、上学年の国語の授業開きをする際、次のように黒板に書いて出会いの授業を始めます。

（　　　　）が人をつくる

「この括弧の中に入る言葉は何ですか？」そう問いかけると、初対面の子供たちは「体」「栄養」「親」など、思い思いのことを口にします。その後、

（言　葉）が人をつくる

と書き込み、私たちは言葉を通して物事を考えたり感じたりしていること、自分が発する言葉が自分そのものであることを伝えます。そして、だからこそ国語を通じて言葉について学ぶ必要があることを語ります。4月の始めということもあり、どの子も真剣に耳を傾けてくれます。
　その上で、次の3点を意識して努力するように呼びかけます。
　① 言葉を増やし、言葉を使うこと
　② あらゆる本と出会い、友達を増やすこと
　③ 思いや考えを伝え合うこと
　①の「言葉を増やす」とは、まさに今日一層重視されている語彙の拡充です。知らない言葉に出会った際に見過ごさずに辞書を引いてみる。調べて分かったら終わりではなく、その後も使うように心がけるということです。
　②の「本と出会い、友達を増やす」とは、様々な本に触れ、その中に登場する人物を自分の中に取り組み、困ったことや悩んだことに出会った際、「もし、あの本の中に出てくる○○だったら、こんな時はどうするだろう？」と立場や視点を変えて考えてみてほしいという私の願いです。
　そして③は、自分自身を表す言葉なのだから、友達に伝えること、友達か

ら伝えられることを大切にすべきであるということです。
　もちろん，どれも一朝一夕には成し得ず，その具体は一つ一つの学びを積み重ねていくことにかかっています。
　現在，「主体的・対話的で深い学び」を軸に，新たな学習指導要領の完全実施に向けて議論と準備が進められています。中には，国語の授業に対して，戸惑いを感じている方がいるかもしれません。
　私自身も，その一人でした。そうした中，現在の勤務校で当時副校長だった，私が尊敬する田代有一先生と一献傾ける機会がありました。
　そこで，いただいたお話が印象的でした。「いいかい，八巻さん。『不易流行』ってあるだろう。それっていうのは，不易と流行が，別々にあるんじゃないんだよ。流行っていうのは，いつも不易の中にあるんだよ。」
　大変納得したと同時に，これまでの自分の実践の中に，これから生かし，膨らませていくものとして何があるのかを見直す契機となりました。
　本書の役割も，そうしたことにあるのではないかと思っています。ベテランの先生方にとっては，当然のごとく行ってきたことを確認する機会になれば幸いです。一方，国語の授業に不安と迷いの連続である若い先生方にとっては，本書のスキルなどが一つでも参考になれば望外の喜びです。ここでの授業スキルとパーツはヒントに留まったものであり，全てを伝えるには言葉が足らないものも少なくありません。
　しかし，これらを足場に，それぞれの子供の実態に合わせて応用していただくことこそが重要だと考えています。
　最後に，これまで様々な技術や活動アイデアを学ぶ機会を惜しみなく与えてくださった諸先輩方や職場の同僚に，心より感謝申し上げます。
　そして，本書の刊行にあたって，企画の段階から最後まで伴走してくださった明治図書の木山麻衣子さん，本当にありがとうございました。ご一緒に一つの仕事ができたことに重ねて感謝申し上げます。

2019年3月

　　　　　　　　　　　　　　　　　　　　　　　　　　　八巻　修

【著者紹介】
八巻　修（やまき　おさむ）
1972年11月23日栃木県生まれ。宮城教育大学卒業。栃木県内の公立小学校勤務を経て2006年より宇都宮大学教育学部附属小学校勤務。生活科，総合的な学習，家庭科の専科を経て，現在は研究主任兼国語専科。研究の充実と教師の技量向上及び「楽しく力がつく国語」を目指して取り組んでいる。
日本国語教育学会会員。日本生活科・総合的な学習教育学会会員。
〈共著〉
『到達目標の数値化で大変身！小２経営のマネジメント』（明治図書）
〈単著〉
『国語授業がアクティブに変わる！参加型板書システム＆アイデア』（明治図書）

八巻　修の国語授業
クラス全員が熱中する
国語授業のスキル＆パーツ60

2019年４月初版第１刷刊	©著　者	八　巻　　　　修
	発行者	藤　原　光　政
	発行所	明治図書出版株式会社

http://www.meijitosho.co.jp
（企画）木山麻衣子（校正）吉田茜
〒114-0023　東京都北区滝野川7-46-1
振替00160-5-151318　電話03(5907)6702
ご注文窓口　電話03(5907)6668

＊検印省略　　組版所　長野印刷商工株式会社

本書の無断コピーは，著作権・出版権にふれます。ご注意ください。

Printed in Japan　　　　ISBN978-4-18-289718-4
もれなくクーポンがもらえる！読者アンケートはこちらから→